Hirsch

Gisela Dürr, Martin Stiefenhofer
Schöne alte Kinderspiele

SERIE PIPER

Zu diesem Buch

»Himmel und Hölle«, »Blinde Kuh« und »Stille Post« – seit Generationen sind diese Spiele bei Kindern bekannt und beliebt. Aber wer weiß noch die genauen Regeln von »Kaiser, König, Edelmann« oder wie man Windräder und Papierflieger bastelt? Auch an all die schönen Abzählreime und Kniespiele erinnert sich nicht mehr jeder. Über 170 alte Kinderspiele für drinnen und draußen haben Gisela Dürr und Martin Stiefenhofer versammelt: Hüpf- und Hinkespiele, Gedächtnis- und Wortspiele, Rätsel, Lieder und Tänze, Finger- und Handspiele, Ball- und Kreisspiele. Das liebevoll illustrierte Buch steckt voller Anregungen für Kinder aller Altersgruppen, für ihre Eltern, Großeltern und alle anderen, die gern mit Kindern spielen. Eine unerschöpfliche Quelle, die die kindliche Fantasie und Entwicklung spielerisch fördert.

Gisela Dürr, geboren 1968 in Laupheim, studierte Kommunikationsdesign an der Fachhochschule Mainz und absolvierte die »Schule für Gestaltung« in Zürich. 1995 und 1997 wurden ihre Arbeiten für die renommierte Kinderbuchausstellung in Bologna ausgewählt. Sie lebt als freie Illustratorin in München.
Martin Stiefenhofer, geboren 1962 in Ravensburg, studierte Pädagogik und Germanistik in Heidelberg, wo er an der Pädagogischen Hochschule und am Erziehungswissenschaftlichen Institut der Universität tätig war. Er hat mehrere Bücher zum Thema Erziehung und Pädagogik veröffentlicht und lebt heute als freier Redakteur in Freiburg.

Gisela Dürr,
Martin Stiefenhofer

Schöne alte Kinderspiele

Ideen für Kinder aller Altersstufen

Mit zahlreichen farbigen Abbildungen

Piper München Zürich

Von Martin Stiefenhofer liegen in der Serie Piper vor:
Schöne alte Kinderspiele (mit Gisela Dürr, 3509)
Spiele für drinnen und draußen (mit Barbara Korthues, 4092)

FSC

Dieses Taschenbuch wurde auf FSC-zertifiziertem Papier gedruckt. FSC (Forest Stewardship Council) ist eine nichtstaatliche, gemeinnützige Organisation, die sich für eine ökologische und sozialverantwortliche Nutzung der Wälder unserer Erde einsetzt (vgl. Logo auf der Umschlagrückseite).

Ungekürzte Taschenbuchausgabe
Piper Verlag GmbH, München
1. Auflage April 2002
6. Auflage Juli 2007

Umschlag/Bildredaktion: Büro Hamburg
Isabel Bünermann, Julia Martinez, Charlotte Wippermann
Umschlagabbildungen: Gisela Dürr
Satz: Kirsten Straßmann, Recklinghausen
Notengrafik: Werner Eickhoff, Freiburg
Papier: Munken Print von Arctic Paper Munkedals AB, Schweden
Druck und Bindung: Clausen & Bosse, Leck
Printed in Germany ISBN 978-3-492-23509-9

www.piper.de

Spiele in der Natur

Noch vor wenigen Generationen waren Kinderspiele viel mehr von den Jahreszeiten beeinflusst, da sie meist draußen in freier Natur oder in Gassen und Höfen stattfanden.

Auch heute noch sind die bewegungsintensiven und raumgreifenden Ball- und Fangspiele auf gutes Wetter und, was inzwischen viel knapper geworden ist, auf eine kinderfreundliche Umgebung angewiesen.

Daneben ist die Natur, z. B. in Form überall anzutreffender Blumen und Gräser, früher wie heute Gegenstand einfacher kleiner Spiele etwa auf dem Weg in den Kindergarten oder zur Schule. Auch nachmittags auf dem Spielplatz oder bei längeren Spaziergängen am Wochenende lassen sich spontan solche Naturspiele, ohne vorher Materialien bereitgelegt zu haben, einbauen.

Grasblattpfeifen

Fest zwischen die aneinander gelegten Daumen beider Hände geklemmt und nicht zu stark angespannt, lassen sich einem Grasblatt laute, zirpende Geräusche entlocken, wenn man über die scharfe Kante des Halms bläst. Mit ein bisschen Übung lassen sich Tonhöhe und Lautstärke regulieren.

Zum Pfeifen muss der Grashalm gut gespannt sein.

Die Grashalme werden wie zwei Schlingen umeinander gelegt.

Grashalmhakeln

Ähnlich wie beim Fingerhakeln werden hier zwei Grashalme überkreuzt und gefaltet. An den beiden Enden eines Halms zieht je ein Mitspieler vorsichtig, bis einer der Halme reißt. Die beiden Hälften dienen dem Sieger als Trophäe.

Mit den beiden gerissenen Halmen kann man selbstverständlich ein weiteres Spiel verbinden. Die ungleichen Teile des Grashalms werden so in der Hand gehalten, dass sie gleich lang aussehen. Der Mitspieler zieht einen davon. Ist es der längere Halm, so hat er gewonnen.

Blumenorakel

Meist mussten Gänseblümchen ihre Blütenblätter lassen, wenn durch das Auszupfen der Blätter entweder der Grad der Liebe oder der Stand des zukünftigen Ehemanns ermittelt wurde. Laut dem Blumenorakel trifft der Ausspruch zu, der beim letzten Blatt an der Reihe ist:

»Er liebt mich:
von Herzen
mit Schmerzen
über alle Maßen
ganz rasend
ein wenig
gar nicht«

oder:

»verliebt
verlobt
verheiratet
geschieden«

oder:

»Kaiser, König, Edelmann
Bürger, Bauer, Bettelmann
Schuster, Schneider, Leinenweber
Doktor, Kaufmann, Totengräber«

Was kommt heraus – kurze oder lange Federn?

Hahn oder Henne?

Im Frühsommer wachsen fast überall die wilden Süßgräser mit ihren langen, blütenstaubbedeckten Rispen. Mit der Frage »Hahn oder Henne?« wird einem Mitspieler ein Grashalm gezeigt. Er muss sich nun für eines entscheiden, und der Frager streift mit Daumen und Zeigefinger die Rispen des Grashalms ab. Sie stehen nun zwischen seinen Fingern wie die langen Schwanzfedern eines Hahns oder wie die kurzen Federn der Henne. Nun werden die Rollen getauscht, und der Befragte darf einen Grashalm für den anderen Mitspieler abstreifen. Dieses Spiel wird ein paar Mal wiederholt.

Gewonnen hat, wer öfter richtig geraten hat.

Rindenschiffchen

Ist das Wetter schön und ein Bach in der Nähe, dann gibt es nichts Schöneres, als Rindenschiffchen fahren zu lassen. Um ein Rindenschiffchen zu bauen, braucht man nur ein Stück Rinde (etwa Kiefernrinde), ein kleines Stöckchen als Mast, den man in das Rindenstück drückt, und ein möglichst großes Blatt, etwa ein Ahornblatt. Zur Not tut's auch ein Stück Papier.

Das Material für ein Schiff findet man überall im Wald oder auf der Wiese.

Nun setzt man die Rindenschiffchen nebeneinander ins Wasser, übergibt sie der Strömung und läuft am Bach mit. Wessen Schiff einen bestimmten Punkt bachabwärts zuerst erreicht, der hat gewonnen. Er darf sich von den anderen ein Schiff aussuchen und so seine Flotte vergrößern.

Ist die Strömung nicht zu stark, können die Schiffe auch mit kleinen Steinchen, Zweigstückchen oder Lindensamen beladen werden.

Fischer, welche Farbe wünschst du dir?

Durch Abzählen wird ein Kind zum Fischer bestimmt. Der Fischer stellt sich mit dem Gesicht zu einer Wand oder dreht sich von den anderen Kindern weg und hält sich die Augen zu.

In einigen Metern Entfernung stehen die restlichen Kinder – sie sind die Fische. Sie stehen in einer Reihe und rufen: »Fischer, welche Farbe wünschst du dir?«

Der Fischer nennt eine Farbe, und jedes Kind, das ein Bekleidungsstück mit dieser Farbe anhat, darf einen Schritt in Richtung des Fischers vortreten. Zwischendurch darf sich der Fischer umdrehen und schauen, wie nah die Fische gekommen sind. Der erste Fisch, der ihn erreicht, löst den Fischer ab.

Ochs am Berg

Der Ochse wird durch Abzählen bestimmt und stellt sich mit dem Gesicht zu einer Wand oder an einen Baum. Etwa zehn Meter von ihm entfernt stehen die anderen Kinder in einer Reihe hinter einem mit Kreide oder Steinen markierten Strich.

Das Gesicht in den Händen verborgen, ruft der Ochse laut »Ochs am Berg« und dreht sich blitzschnell um. Während der Ochse ruft, müssen die anderen Kinder versuchen, so weit wie möglich in seine Richtung zu gehen. Entdeckt der Ochse ein Kind, das sich noch bewegt, muss es wieder hinter die Linie zurück. Wer den Ochsen zuerst erreicht, hat gewonnen.

Durch Variieren der Sprechgeschwindigkeit kann der Ochse allzu mutig vorrückende Mitspieler entdecken und wieder zurückschicken.

Ochs am Berg hieß an manchen Orten auch »Eins, zwei, drei, um« oder »Hans, guck um«.

Schuhpuzzle

Je größer die Gruppe ist, desto lustiger wird das Schuhpuzzle. Alle Kinder ziehen ihre Schuhe aus und werfen sie auf einen Haufen. Der Haufen wird nun gut durcheinander gemischt, dann treten alle zwei Schritte zurück.

Auf ein Zeichen rennen alle auf den Haufen los und versuchen, so schnell wie möglich ihre beiden Schuhe zu finden und anzuziehen. Wer als Erster seine Schuhe ordentlich gebunden an den Füßen hat, ist Sieger.

Figuren reißen

Durch Abzählen wird ein Kind als Figurenreißer bestimmt. Der Figurenreißer nimmt einen Mitspieler nach dem anderen an die Hand, dreht sich schnell im Kreis und lässt unvermittelt los. Das Kind wird ein paar Schritte weggeschleudert und muss in der Stellung verharren, in der es zum Stillstand kommt.

Sind alle Kinder als Figuren »gerissen«, sagt der Figurenreißer an, etwa: »Alle Figuren stehen jetzt auf einem Bein.« Die Figuren dürfen ihre ursprüngliche Position nicht verändern, außer dass sie das ausführen, was der Figurenreißer sagt.

Kantenball

Bordsteinkanten an Straßen sind nicht ungefährlich, aber eine steinerne Rasenabgrenzung oder andere Kanten eignen sich gut für dieses Spiel. Die Mitspieler stellen sich nacheinander in etwa zwei Meter Entfernung vor die Kante und werfen den Ball so, dass er beim Zurückprallen wieder gefangen werden kann. Verliert jemand den Ball, ist das nächste Kind dran. Mit etwas Übung kann man den Ball so spielen, dass er nicht zum Werfer zurückprallt, sondern auf einen anderen Mitspieler, dessen Namen das werfende Kind laut ruft.

Land erobern

Vier Kinder können bei diesem Spiel mitmachen. Auf einem großen Platz wird mit Kreide ein Kreis von etwa fünf Meter Durchmesser auf den Boden gemalt. Auf einem Sand- oder Kiesplatz kann man den Kreis einritzen. Als Nächstes wird dieser Kreis in vier gleich große Stücke geteilt, und jeder der Mitspieler schreibt seinen Namen hinein. Dann stellt sich jeder in sein Land. Durch Auszählen beginnt eines der vier Kinder. Es wirft nun ein kleines Stöckchen von etwa 20 Zentimeter Länge in eines der drei anderen Länder und ruft laut den Namen des Landbesitzers. Danach laufen der Werfer und die beiden anderen weg, während der Gerufene versucht, so schnell wie möglich einen Fuß auf das Stöckchen zu stellen. Dann ruft er laut »Stopp«.

Die drei geflohenen Landbesitzer müssen nun wie versteinert stehen bleiben, während der Gerufene das Stöckchen aufnimmt und einen der drei anderen damit zu treffen versucht. Gelingt ihm das nicht, beginnt das Spiel von vorn. Trifft er einen der drei, dann darf er ein Stück Land des Getroffenen erobern.

Dazu muss er mit beiden Füßen in seinem Land stehen bleiben und darf sich nicht abstützen, während er mit Kreide (bei aufgemalten Ländern) oder mit dem Stöckchen (bei eingeritzten Ländern) einen Bogen von seiner Landesgrenze in das Gebiet des Getroffenen und wieder zurück zur Grenze zieht. Die alte Grenze wird nun gelöscht. Die Landbesitzer kehren zurück, und das Spiel geht so lange weiter, bis einer nicht mehr genug Land hat, um darauf zu stehen.

Geschicklichkeit, Schnelligkeit und Treffsicherheit sind bei diesem Spiel gefragt.

Kaiser, wie viele Schritte schenkst du mir?

Zunächst wird durch Abzählen festgelegt, welches Kind als Erstes der »Kaiser« sein darf. Der Kaiser hält sich die Augen zu und stellt sich mit dem Gesicht gegen eine Wand oder einen Baum, die restlichen Kinder stehen nebeneinander in etwa zehn Meter Entfernung. Ein Kind nach dem anderen ruft nun dem Kaiser zu: »Kaiser, wie viele Schritte schenkst du mir?« Der Kaiser überlegt, wie viele Schritte er das Kind gehen lässt, und antwortet beispielsweise: »sechs Mäuseschritte« oder »zwei Elefantenschritte« oder Ähnliches. Vor Spielbeginn wird von allen Kindern festgelegt, wie groß so ein Schritt jeweils sein darf. Auf die Frage: »Darf ich kommen?«

antwortet der Kaiser entweder mit »Nein«, und das Kind muss stehen bleiben, oder nach einem »Ja« darf das Kind die geschenkten Schritte gehen. Natürlich darf der Kaiser seine Untertanen nicht erzürnen und wird ihnen nicht zu oft die Schritte verweigern. Das Spiel nimmt einen neuen Anfang,wenn ein Kind beim Kaiser angelangt ist und ihn somit ablöst.

Strumpfschleudern

Ein kleiner Ball (früher behalf man sich auch mit Stoffresten, Blättern und etwas Erde) wird in einen alten Strumpf gesteckt, den man knapp über dem Ball zuknotet. Ein Mitspieler stellt sich nun in einer Entfernung von etwa 10 bis 20 Metern zu den anderen Mitspielern auf. Er wirbelt den Strumpf mit ausgestrecktem Arm im Kreis und lässt ihn im richtigen Augenblick los. Die anderen Kinder versuchen, den Strumpf zu fangen und auf die gleiche Weise zurückzuschleudern. Es ist ein bisschen Übung nötig, um den günstigsten Augenblick zum Loslassen des Strumpfes zu erkennen, damit er auch in die gewünschte Richtung fliegt.

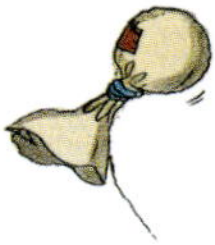

Figuren aus Herbstfrüchten

Aus Eicheln, Kastanien und Streichhölzern kann man lustige Herbstfiguren basteln. Eine große Kastanie ist der Körper, vier Streichhölzer geben die Beine, und auf den Hals kommt eine Eichel als Kopf – fertig ist das Pferd. Für Hunde oder Schafe verwendet man entsprechend kleinere Kastanien. Damit die Figuren auf zwei Beinen stehen können, nimmt man am besten halbierte Eicheln als Füße. Verziert werden die Figuren mit bunten Stoffresten und Wollfäden sowie Mützen aus Eichelkappen.

Laufen, Fangen und Verstecken

Lauf- und Fangspiele haben im olympischen Wettlauf ihr antikes Vorbild und sind ihrerseits Muster geworden für die Bewegungs- und Sportstunden in Schulen. Das freie Spiel der Kinder auf der Straße, auf Höfen und Spielplätzen bezieht seinen besonderen Reiz aus der Dynamik der Gruppe und der Möglichkeit, neben dem starr regelhaften Ablauf eigene Varianten zu erfinden.

Kinder sind oft nicht zu bändigen und toben sich daher am liebsten bei Lauf- und Fangspielen aus. Durch Auszählen oder Abwechseln werden die Rollen gerecht verteilt. Im Eifer des Spiels treten dann auch persönliche Ambitionen in den Hintergrund. Denn das gemeinsame Erlebnis und der Spaß dabei sind hier wichtiger. Die meisten Versteckspiele bieten neben der Aufgabe, sich möglichst gut und fantasievoll zu verbergen, ebenfalls noch die »Rettungsmöglichkeit«, durch schnelles Laufen dem Abschlagen zu entkommen. Auch hier spielt also die Bewegung als Grundmotiv des Spiels eine wichtige Rolle.

Räuber und Gendarm

Am besten eignet sich für das Räuber-und-Gendarm-Spiel ein abgegrenztes Waldgebiet mit Unterholz, Buschwerk, kleinen Tälern und Hohlwegen. Durch Auszählen werden die zwei Gruppen der Räuber und der Gendarmen bestimmt. Den Gendarmen wird zur Kennzeichnung ein Tuch um den Arm gebunden. Nun zerstreuen sich die Räuber im Waldstück und verstecken sich. Nach ein paar Minuten schwärmen die Gendarmen aus und suchen die Räuber.

Geländespiele eignen sich am besten dort, wo man sich gut verstecken kann, aber auch freie Flächen zum Rennen hat.

Die gefundenen Räuber werden zu einem Platz gebracht, der das Gefängnis ist. Unterwegs können sie versuchen zu entwischen. Das Gefängnis wird von einem Gendarm bewacht, der verhindern muss, dass die Räuber befreit werden. Sind die restlichen Gendarmen auf der Suche, können sich noch freie Räuber ans Gefängnis heranschleichen und einen gefangenen Räuber durch dreimaliges Klatschen auf dessen ausgestreckte Hand befreien. Sie dürfen sich dabei aber nicht vom Gendarmen fangen lassen. Der Räuber, der als Letzter ins Gefängnis kommt, ist der Räuberhauptmann.

Am Schluss des Spiels steht die Hinrichtung der Räuber: Sie werden entweder erschossen, indem sie auf ein lautes »Puff« der Gendarmen umfallen, oder gehenkt, indem die Gendarmen ihnen die Mütze oder einen auf den Kopf gelegten Stein herunterschlagen. Danach werden die Gruppen getauscht, und die vormaligen Räuber suchen als Gendarmen die anderen Kinder.

Bäumchen, wechsle dich

Bei diesem Spiel stellen sich alle Kinder neben einen Baum, nur eines bleibt etwa in der Mitte der auf die Bäume verteilten Mitspieler stehen und ruft: »Bäumchen, wechsle dich!« Nun müssen die Kinder neben den Bäumen ihre Plätze tauschen, während das Kind in der Mitte versucht, an einen freien Baum zu gelangen. Das Kind, das seinen Baum nicht verlässt oder keinen freien Baum mehr erreicht, stellt sich in die Mitte und ruft als Nächstes zum Bäumchenwechsel.

An Stelle der Bäume kann sich jedes Kind auch einen Kreis auf den Boden malen und sich hineinstellen.

Fangen mit Blumen

Ein durch Abzählen bestimmtes Kind versucht, die anderen zu fangen. Ist es einem verfolgten Mitspieler nah, kann dieses einen Blumennamen rufen und sich niederhocken – dann darf es nicht abgeschlagen werden. Allerdings sollte es nicht »Rose« oder »Tulpe« rufen, sonst wird es zum Fänger. Auch zu langes Niederhocken ist nicht erlaubt. Sitzen mehrere Mitspieler in der Hocke, dann darf sie der Fänger mit dem Spruch »Ich schlage mir jetzt auf das Bein, und wer nicht aufsteht, der muss sein« zum Aufstehen zwingen. Wer dann noch hockt, ist neuer Fänger.

Es ist hilfreich, sich schon vor Spielbeginn ein paar Blumennamen zu überlegen.

Schattenfangen

Durch Abzählen wird ein Fänger bestimmt, der nun die Aufgabe hat, den Schatten eines Mitspielers zu fangen. Das kann dadurch geschehen, dass er in oder über den Schatten des Mitspielers springen muss. Das Kind, dessen Schatten gefangen wurde, löst jetzt den Fänger ab.

Dieses Spiel ist nicht nur bei Sonne schön, sondern kann auch im Dunkeln auf einem beleuchteten Platz gespielt werden. Voraussetzung ist lediglich, dass die Schatten der Mitspieler auf dem Boden gut sichtbar werden.

Anticken

Eines der Kinder muss als Fänger ein anderes Kind irgendwo anticken. Auf dieser Körperstelle muss das angetickte Kind jetzt seine Hand lassen und so ein anderes Kind anticken, das dann seinerseits als Fänger mit der Hand an der angetickten Stelle ein weiteres Kind anzuticken versucht usw. Der Fänger versucht jeweils so anzuticken, dass das Fangen dem Angetickten schwer fällt, etwa am Bein oder Rücken. Die anderen Kinder haben ihren Spaß dabei zu sehen, in welchen Haltungen der Angetickte versuchen muss, sie zu erwischen.

Fangen mit Erschwernissen ist ein variantenreiches Spiel. Die Fantasie beim Ausdenken neuer Hindernisse wird angeregt. So findet sich für jeden Spielort ein passendes Fangspiel.

Kettenfangen

Zwei Fänger, die einander an der Hand halten, müssen innerhalb eines großen, abgegrenzten Bereichs (etwa in einem Hof oder auf einem Spielplatz) die anderen Mitspieler erwischen. Wer von den Fängern – das sind jeweils nur das erste und das letzte Kind der immer länger werdenden Kette! – berührt wird, hängt sich an die Fängerkette an, bis schließlich alle Kinder an der langen Kette gefangen sind.

Vogelverkauf

Zu diesem Spiel gehören ein Vogelhändler, ein Engel, ein Teufel und eine beliebige Anzahl von Vögeln. Durch Auszählen werden diese Rollen verteilt.

Der Vogelhändler gibt jedem der Kinder, die die Vögel darstellen, einen Vogelnamen, ohne dass es der Engel oder der Teufel hören können. Nun stellen sich der Engel und der Teufel abwechselnd vor einen Vogel und nennen einen Namen.

Bei jedem Vogel dürfen sie nur dreimal raten. Ist der Vogelname dieses Kindes darunter, kauft ihn der Engel bzw. der Teufel. Bevor er ihn aber in seine Gewalt bekommt, muss er mit ihm um die Wette laufen. Das Rennen ist die Hauptsache an dem Spiel, die Strecke wird deshalb zuvor gemeinsam ausgesucht und kann bis zu 50 Meter betragen. Erreicht der Vogel ein zuvor ebenfalls ausgemachtes Ziel, ohne gefangen zu werden, darf er ins Vogelhaus zurück und bekommt einen neuen Namen. Bei diesem Wettlauf versucht der Vogel aber nur, dem Teufel zu entkommen, vom Engel lässt er sich fangen.

Sind schließlich alle Vögel gekauft, bilden die Vögel des Engels eine Gasse, durch die die Vögel des Teufels gehen müssen, wobei sie leicht mit der flachen Hand auf den Kopf geschlagen werden.

Der Vogelverkauf hat mehrere Spielstationen: Zunächst wird geraten, dann um die Wette gerannt. Zum Abschluss werden »Strafen« verteilt.

Der Plumpsack geht um

Alle Kinder stehen im Kreis mit dem Gesicht zur Kreismitte. Außen läuft ein Kind um den Kreis und sagt: »Dreht euch nicht um, der Plumpsack geht um. Wer sich umdreht oder lacht, der wird mit Prügel bedacht.« Möglichst unbemerkt muss er nun hinter einem im Kreis stehenden Kind den Plumpsack, ein verknotetes Taschentuch, fallen lassen. Sobald ein Kind aber bemerkt, dass hinter ihm der Plumpsack liegt, muss es ihn schnell aufheben und versuchen, den ehemaligen Plumpsackträger zu erwischen, bevor der um den Kreis gerannt ist und seinen Platz eingenommen hat. Gelingt ihm das nicht, muss er ihn ablösen und nun seinerseits mit dem Plumpsack um den Kreis gehen.

Wer sich umdreht, ohne dass der Plumpsack hinter ihm liegt, bekommt einen Schlag mit dem Plumpsack verpasst.

Fischer, wie tief ist das Wasser?

Durch Auszählen wird der »Fischer« bestimmt. Er stellt sich auf die eine Seite des Hofs oder des Spielplatzes, die restlichen Kinder stehen auf der anderen Seite. Jetzt ruft die Gruppe unisono: »Fischer, wie tief ist das Wasser?« Der Fischer antwortet zum Beispiel: »Fünf Meter!« Daraufhin fragt die Gruppe: »Wie kommen wir hinüber?« Der Fischer nennt jetzt eine Gangart, etwa »auf einem Bein hüpfend«, »rückwärts gehend«, »auf allen vieren« oder Ähnliches. Die Kinder laufen dann in der vorgeschriebenen Art los, um auf die andere Seite des Spielfeldes zu gelangen, und der Fischer versucht, so viele wie möglich abzuschlagen. Dabei muss er aber in derselben Gangart gehen wie die anderen. Die gefangenen Kinder werden ebenfalls zu Fischern. Das Spiel dauert so lange, bis nur noch ein Fisch übrig ist, der in der nächsten Runde der Fischer wird.

Der schwarze Mann

Entstanden aus den Pest- und Totentänzen des Mittelalters, ist der »schwarze Mann« eine spielerisch abgewandelte Allegorie auf den Tod, der seine Schar ständig vermehrt.

Alle Kinder stellen sich der Größe nach in einer Reihe auf und zählen durch. Wen die Zahl 9 trifft, der ist der »schwarze Mann«. Er stellt sich auf eine Seite eines abgesteckten Spielfelds. Auf der anderen sind die restlichen Kinder und singen: »Schwarzer Mann, rühr mich nicht an!« Der schwarze Mann ruft nach einer Weile: »Habt ihr Angst vor dem schwarzen Mann?«
Die anderen Kinder antworten: »Nein!«
»Was macht ihr, wenn er kommt?«
»Wir laufen davon!«

Als Begrenzung des Spielfelds sind Mauern sehr günstig, man kann aber auch Linien auf den Boden ziehen.

Auf dieses Signal hin wechseln der schwarze Mann und die Kindergruppe die Seiten, indem sie aufeinander zulaufen. Die Kinder müssen versuchen, die andere Seite zu erreichen, ohne dass sie der schwarze Mann fängt. Er darf auch nur nach vorne rennen, durch die Gruppe der Kinder hindurch. Wen er dabei zu fassen bekommt, muss ihm in der nächsten Runde beim Fangen helfen. Sind schließlich alle Kinder gefangen, beginnt das Spiel von neuem, indem eine andere Zahl den schwarzen Mann bestimmt. Natürlich kann man den schwarzen Mann auch – wie bei anderen Fangspielen – durch einen Auszählreim wählen.

Versteckem mit Anschlagen

Nach dem Abzählen stellt sich das Kind, das die anderen suchen muss, mit dem Gesicht gegen eine Mauer oder eine Wand, so dass es nicht sehen kann, wohin die Mitspieler gehen. Diese Stelle ist zugleich das Freimal. Nun zählt es mit geschlossenen Augen laut bis zu einer vereinbarten Zahl oder ruft langsam den Reim:

»Eins, zwei, drei, vier, Eckstein,
alles muss versteckt sein.
Hinter mir und vor mir gilt es nicht.
Eins, zwei, drei – ich komme!«

Beim Verstecken mit Anschlagen versucht man, ein Versteck möglichst in der Nähe des Freimals zu ergattern. So kann man sich eher freischlagen.

Dann fängt es an zu suchen. Hat es einen Mitspieler entdeckt, beginnt der Wettlauf. Wer zuerst am Freimal ist, kann sich entweder »freischlagen«, indem er die Stelle, an der ausgezählt wurde, berührt und laut seinen Namen ruft, oder aber er wird am Freimal »angeschlagen«, wenn das Kind, das gesucht hat, zuerst dort ankommt und laut den Namen des entdeckten Mitspielers ruft. Während das suchende Kind unterwegs ist, versuchen die versteckten, unentdeckt zum Freimal zu kommen und sich freizuschlagen.

Schnitzeljagd

Ebenfalls eine alte Form des Suchspiels ist die Schnitzeljagd. In einem freien, abwechslungsreichen Gelände versteckt ein Mitspieler oder eine Gruppe einen Gegenstand. Dann wird der Weg zum Versteck durch unauffällige Zeichen angezeigt, etwa durch einen geknickten Zweig, ein Steinhäufchen, in den Boden gesteckte Stöckchen und Ähnliches. Die restlichen Mitspieler gehen nun auf die Suche, und wer den Gegenstand als Erster findet, bekommt eine Belohnung.

Prinzessin erlösen

Ein altes Fangspiel, das früher nur von Mädchen gespielt wurde. Um ein kniendes Mädchen stehen die anderen im Kreis. Während sie der Knienden das Kleid über dem Kopf zusammenhalten, singen sie:

»Die Glocke schlägt eins,
sie kommt noch nicht!
Die Glocke schlägt zwei,
sie kommt noch nicht!
Die Glocke schlägt drei,
sie kommt noch nicht!

Die Glocke schlägt vier …
usw. bis zehn, dann heißt es:
Die Glocke schlägt elf,
sie rührt sich schon!
Die Glocke schlägt zwölf,
da kommt sie schon!«

Während der Prinzessin noch die Sicht mit ihrem Kleid verdeckt ist, können die anderen schon schauen, wo sie hinlaufen werden.

Bei den letzten Worten laufen die umstehenden Mädchen in alle Richtungen davon, das kniende Mädchen springt auf und versucht, eine der Davonlaufenden zu fangen. Die Gefasste muss als Nächste auf den Boden knien.

Blinde Kuh

Früher unter den alten Bezeichnungen »blinde Katze« oder »blindes Huhn« gespielt, ist es das bekannteste klassische Suchspiel. Auf einem freien Platz oder in einem möglichst leeren Zimmer bestimmen die Mitspieler durch Abzählen die »blinde Kuh«. Ihr werden die Augen verbunden, und sie wird ein paar Mal im Kreis gedreht. Mit ausgestreckten Armen irrt sie nun umher und versucht, einen der Mitspieler, die sie necken, zu rufen und an den Kleidern zu ziehen, zu fassen und festzuhalten. Wen die blinde Kuh erwischt, der muss ihre Rolle übernehmen. Ansonsten wird nach einer gewissen Zeit das amüsante Spiel unterbrochen, neu ausgezählt, und eine andere blinde Kuh versucht ihr Glück.

Königreich

Mit Kreide oder mit einem Stock grenzt ein Kind sein »Königreich« ab. Die anderen Mitspieler überschreiten diese Grenze mit den Worten: »König, ich bin in deinem Land und nehme dir Gold und Silberpfand!« Dabei bücken sie sich und deuten an, dass sie etwas vom Boden aufheben. Erwischt der König dabei die Hand eines der Eindringlinge, muss dieser ihn ablösen und das Königreich bewachen.

Jagd auf den Dritten

Die Kinder stehen paarweise hintereinander in einem großen Kreis. Die Paare sind etwa einen Meter voneinander entfernt. Zwei einzelne Kinder laufen um und durch den Kreis, wobei das Kind mit dem Plumpsack das andere verfolgt. Das verfolgte Kind stellt sich plötzlich vor ein Paar, worauf das hintere Kind des Paars zum Verfolgten wird und vor dem Kind mit dem Plumpsack fliehen muss. Gelingt es diesem, den »Dritten« mit dem Plumpsack abzuwerfen, wird er der Plumpsackträger.

Katz und Maus

Mehrere Mitspieler halten sich an den Händen und bilden einen schützenden Kreis um die »Maus«, die innerhalb des Kreises steht. Ein anderes Kind, die »Katze«, versucht, in den Kreis einzudringen, wird aber von den Kindern, die den Kreis bilden, daran gehindert. Gelingt es der Katze dennoch, den Kreis zu durchbrechen, wird schnell die Maus herausgelassen, und die Kinder versuchen, die Katze im Kreis zu halten.

Die Schlange beißt sich in den Schwanz

Mindestens sechs Mitspieler bilden eine Schlange, indem sie sich hintereinander aufstellen und den Vordermann mit beiden Händen an der Hüfte fassen. Das erste Kind ist der Kopf der Schlange, das letzte der Schwanz. Das erste Kind läuft los, es zieht die gesamte Schlange hinter sich her und versucht, das letzte Kind zu erwischen. Die anderen Mitspieler wollen das verhindern, und so windet sich die Schlange in wilden Bewegungen. Gelingt es dem Kind am Kopf, das Kind am Schwanz abzuschlagen, wechselt dieses nach vorne.

Mutter, Mutter, darf ich reisen?

Bei diesen Spielen kommt es darauf an, dass die Mitspieler schnell reagieren bzw. geschickt taktieren. Durch Auszählen oder Abwechseln können die Rollen immer wieder neu verteilt werden.

Durch Abzählen wird ein Mitspieler zur Mutter bestimmt und stellt sich in einer Entfernung von etwa zehn Metern zu den anderen Mitspielern auf, die in einer Reihe nebeneinander stehen. Nun ruft ein Mitspieler: »Mutter, Mutter, darf ich reisen?« Antwortet die Mutter mit »Nein« – was sie bei jedem Mitspieler allerdings nur dreimal darf –, fragt der nächste Mitspieler. Antwortet sie mit »Ja«, fragt er: »Wohin?« Die Mutter nennt ein Reiseziel, beispielsweise Amerika, und der Mitspieler darf so viele Schritte vortreten, wie das Wort Silben hat. Der Mitspieler, der zuerst bei der Mutter angelangt ist, übernimmt als Nächster diese Rolle.

Stelzen, Kreisel & Co.

Handwerklich oder in Manufakturen hergestelltes Kinderspielzeug war in früheren Zeiten sehr teuer und deshalb besseren Schichten vorbehalten. In den Spielzimmern des Bürgertums voriger Jahrhunderte gab es – schon damals wertvolle – Porzellanpuppen, Soldatenfiguren und Metallfahrzeuge. Sie waren der ganze Stolz ihrer glücklichen Besitzerinnen und Besitzer. Diese Dinge waren schön anzusehen und von Kinderherzen heiß begehrt. Doch zum alltäglichen Spiel taugten sie kaum, dazu waren sie zu wertvoll und nicht strapazierfähig genug. So vergnügten sich damals fast alle Kinder mit billigen Glasmurmeln, selbst gebastelten Stelzen, Kreiseln, Diabolos und Steinschleudern, sie fertigten Windräder, Papierflieger, -hüte und -schiffchen. Mit den einfachen, selbst gebastelten Spielzeugen dieser Tradition lassen sich noch heute ganze Spielenachmittage verbringen.

Seifenblasen

Seifenlauge zum Seifenblasenpusten lässt sich ziemlich einfach herstellen. Dazu muss nur etwas Schmierseife in handwarmem Wasser aufgelöst werden. Ist keine Schmierseife im Haus, dann geht auch Spülmittel. Beim Verhältnis zwischen Wasser und Seife lässt sich mit ein wenig Ausprobieren schnell eine Mischung finden, mit der man große und schön schillernde Seifenblasen zustande bringt. Nun nimmt man einen Strohhalm, dessen kreuzförmig eingeschlitztes Ende in die Seifenlauge getaucht wird, bevor durch vorsichtiges Pusten die schönsten Seifenblasen entstehen.

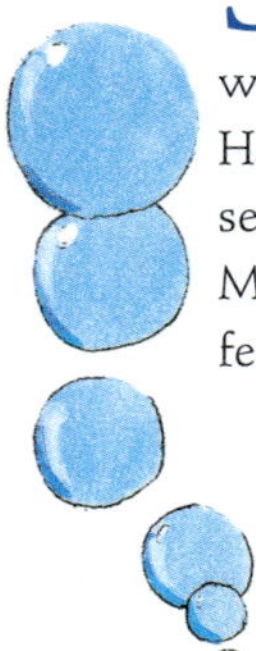

Einfache Windräder

Aus dickerem Papier (eventuell Tonpapier) oder leichtem Karton lassen sich einfache Windräder herstellen. Erst zieht man mit dem Zirkel einen Kreis von etwa 15 Zentimeter Durchmesser und schneidet ihn aus dem Papier aus. Ein weiterer, kleinerer Kreis innerhalb des ersten wird in acht gleich große Stücke geteilt und entlang den Linien bis zum Rand des kleineren Kreises aufgeschnitten. Die acht Zungen werden nun abwechselnd nach oben und nach unten gebogen. Dieses Windrad wirft man nun in die Luft und beobachtet, wie es sich schön zu Boden schraubt.

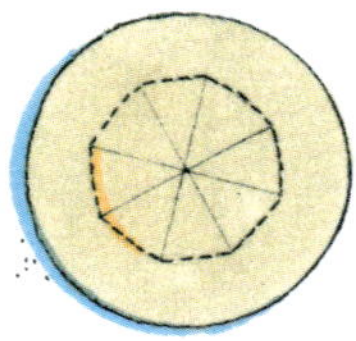

Das Windrad ist aus festem Tonpapier leicht zugeschnitten.

Stelzenlaufen

Stelzen, ein uraltes Spielzeug, das schon die Kinder im antiken Griechenland gekannt haben, sind einfach zu bauen. An zwei langen Holzlatten wird in gewünschter Höhe je ein hölzerner Tritt befestigt. Bohrt man mehrere Löcher und befestigt man die Tritte mit Schrauben und Flügelmuttern, lässt sich die Höhe schnell und einfach verändern. Zum Erlernen des Stelzenlaufs lassen sich so die Tritte weit unten anbringen, während geübte Stelzenläufer mehr Spaß daran haben, weit oben zu stehen.

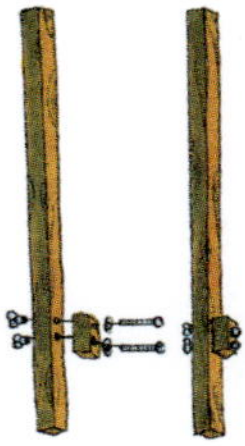

Das Spiel mit Stelzen ist in erster Linie ein Wettlauf der Stelzenläufer. Eine bestimmte Strecke muss zurückgelegt werden, wobei der ausscheidet, der vorzeitig von den Stelzen absteigt.

Beim Kampfspiel versuchen sich die Stelzenläufer gegenseitig von den Stelzen zu schubsen. Wer sich am längsten auf den Stelzen halten kann, hat gewonnen.

Beim Spiegelspiel wird durch Abzählen ein Stelzenläufer bestimmt, der vorausläuft und verschiedene Gangarten und Sprünge vormacht, die die anderen, die hinter ihm hergehen, nachmachen müssen.

Schwieriger wird der Stelzenwettlauf, wenn Hindernisse eingebaut werden, so dass nicht unbedingt der schnellste, aber der geschickteste Stelzenläufer den Sieg davonträgt.

Dosenlauf

Zum Dosenwettlauf braucht jedes Kind zwei stabile leere Dosen, die umgedreht werden, so dass die Öffnung nach unten zeigt. Oben, kurz unterhalb des Dosenbodens, werden zwei gegenüberliegende Löcher in die Dosenwand gebohrt. Durch die Löcher zieht man eine längere Schnur, die als Haltegriff für den Dosenläufer dient. Die Kinder steigen auf die Dosen und spannen die Schnur, und der Wettlauf auf Dosen kann beginnen. Wie beim Stelzenlauf lassen sich auch die Spielabläufe beim Dosenlauf variieren.

Schleuder

In Abwandlung zu der schon vor Jahrtausenden bekannten Form der Schleuder (David bezwang mit ihr Goliath), die aus einem Stück Leder mit zwei Riemen bestand und schwer zu handhaben war, wird heute mit Schleudern gespielt, die aus einem Y-förmigen Holzstück und einem Einmachgummi gebastelt werden. Mit dieser Schleuder wird aus etwa fünf Meter Entfernung auf eine Pyramide aus leeren Joghurtbechern oder Blechdosen geschossen.

Jeder Mitspieler hat – je nach Größe der Pyramide – mehrere Steine zur Verfügung. Wer die Pyramide mit den wenigsten Schüssen abräumt, hat gewonnen. Das Spiel mit der Schleuder ist nicht ganz ungefährlich. Wichtig ist, dass die Kinder nie aufeinander oder auf Tiere schießen.

Statt Steinchen können zum Schleudern auch Hülsenfrüchte oder selbst gebastelte Papierkügelchen verwendet werden.

Kreisel

Das Spiel mit dem Kreisel war bei Jungen und Mädchen gleichermaßen beliebt. In der klassischen Ausführung ist der Kreisel ein kegelförmiges Spielgerät aus Holz, auf dessen Oberfläche Rillen eingeschnitzt sind.

Er wird mit der Peitsche getrieben, einem Holzstock, an dessen Ende eine Schnur befestigt ist. Sich schnell auf der Spitze um die eigene Achse drehend, erhält der Kreisel zur Beschleunigung Schläge mit der Peitsche.

Das Spiel mit dem Kreisel erfordert einige Übung. Um ihn in die gewünschte schnelle Drehbewegung zu versetzen, wird die Schnur der Peitsche von unten nach oben – also angefangen bei der Spitze – um den Kreisel gewickelt. Dann wird er auf den Boden gesetzt und mit einem Fuß oder der Hand mit der Spitze nach unten in aufrechter Stellung gehalten. Die Peitsche wird angezogen, der Kreisel dreht sich und wird freigegeben. Geübtere Spieler werfen ihn mit der Spitze nach unten auf den Boden und ziehen gleichzeitig die Schnur der Peitsche an. Ebenso lässt sich der Kreisel starten, indem man eine kleine Kuhle in den Boden macht und ihn dort hineinstellt. Danach folgen die gezielten Schläge mit der Peitsche, die den Kreisel an- und weitertreiben.

Der Kreisel hat Rillen, die bis zur Spitze hin verlaufen und um die die Peitschenschnur gewickelt wird.

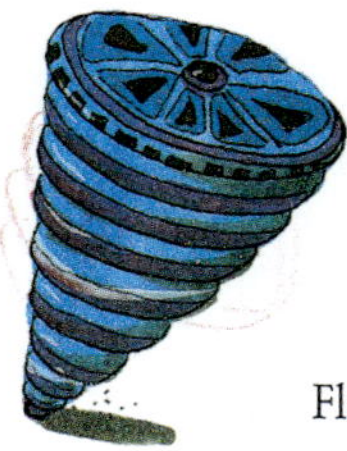

Gespielt wird auf einer möglichst glatten Fläche; im Winter etwa auf einem zugefrorenen See. Dabei gilt es, den schön bunt bemalten Kreisel möglichst lange in Bewegung zu halten. Fällt der Kreisel eines Kindes um, scheidet es aus. Beim Kreiselwettlauf starten alle Kinder von einer Linie aus und versuchen, den Kreisel durch Peitschenhiebe voranzutreiben. Wer mit seinem Kreisel zuerst ein Ziel erreicht, ist Sieger.

Genauso kann das Ziel aber auch sein, mit dem eigenen Kreisel die Kreisel anderer Mitspieler zu rammen und diese zum Umfallen zu bringen. Wessen Kreisel zuerst umfällt, scheidet aus. Der andere Kreisel darf wieder angetrieben werden und nimmt weiter am Kreiselkampf teil.

Papierschiffchen

Für das Falten des folgenden Papierschiffchens braucht man ein rechteckiges Stück Papier, also etwa ein A4-Format. Das Papierblatt wird auf die Hälfte der Länge zusammengefaltet (1) und so wieder auseinander gefaltet gelegt, dass die Faltkante oben liegt (2).

Die rechte obere Ecke wird nur kurz auf die linke obere Ecke gelegt, um die Mitte des Blatts ausfindig zu machen (mit einem Falz markieren). Nun werden die beiden oberen Ecken zur Papiermitte hin gefaltet (3).

Die nun unten frei stehenden zwei Papierteile werden nach hinten bzw. nach vorn hochgeschlagen (4) und um die Ecken des Dreiecks gebunden. Nun ist ein Hut entstanden. Drückt man nun die beiden unteren Ecken des Huts aufeinander zu und legt sie aufeinander, dann entsteht ein auf der Spitze stehendes Quadrat (5). Die vordere und die hintere Spitze dieses Quadrats (die beiden ehemaligen Hutecken also) werden nach vorn bzw. hinten hochgeschlagen. Es entsteht erneut ein Dreieck (6). Dessen untere Ecken werden aufeinander zugeführt und aufeinander gelegt – ein neues hochkant stehendes Quadrat entsteht (7). Die beiden Hälften dieses Quadrats werden jetzt vorsichtig auseinander gezogen. Gleichzeitig wölbt man von innen das Schiff mit der Hand ein bisschen aus – fertig ist das Papierschiff.

Es muss nun seine Bewährungsprobe in der Badewanne oder einem kleinen Wasserbecken bestehen. Die Schiffe aller Kinder werden nebeneinander aufs Wasser gestellt, dann werden sie langsam und möglichst gleichmäßig mit kleinen Steinen – am besten eignet sich Rollsplitt – gefüllt, bis sie gerade noch schwimmen. Natürlich kann man sie auch draußen im Bach um die Wette schwimmen lassen, oder man stellt kleine Kerzen hinein und lässt die Schiffchen nachts eine Leuchtfahrt machen.

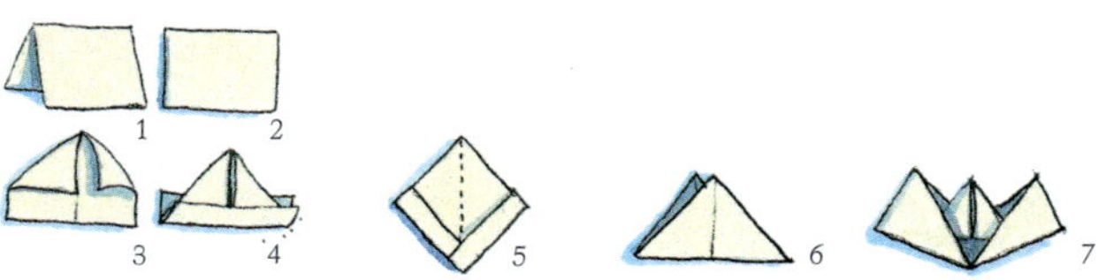

Die Bastelschritte 1 bis 7 werden der Reihe nach gefaltet – fertig ist das Schiff.

Himmel und Hölle

Ein quadratisches Blatt Papier wird erst diagonal und dann über Kreuz gefaltet. Dann legt man das Papier wieder in seiner ganzen Größe auf den Tisch und faltet die Ecken so nach innen, dass sie aufeinander treffen (1). Danach wird es umgedreht, und erneut werden die Ecken nach innen gefaltet (2).

Die beim zweiten Falten entstandenen vier Ecken werden hochgeklappt und die sich gegenüberliegenden mit je einer Farbe bemalt: rot für »Hölle« und blau für »Himmel«. Achtung: Nicht ganz bis zum Rand malen, sonst könnte die Farbe in zusammengefaltetem Zustand sichtbar sein.

Nun werden die Ecken wieder heruntergeklappt und das gefaltete Papier umgedreht. In die nun sichtbaren vier »Taschen« schiebt man Zeigefinger und Daumen, wölbt dabei das Papier und zieht es ein bisschen auseinander, so dass die bemalte Seite innen liegt (3).

Jetzt ist das Himmel-und-Hölle-Spiel fertig. Man fragt einen Mitspieler, ob er in den Himmel oder in die Hölle will. Der nennt seinen Wunsch und zeigt auf eine der Klappen. Man hebt sie an, indem man die Papiermitte vollends nach oben stülpt.

Statt die Ecken farbig anzumalen, kann man auch unter die insgesamt acht Ecken des Himmel-und-Hölle-Spiels jeweils verschiedene Anweisungen, aber auch Belohnungen schreiben, etwa: »Laut um Hilfe rufen« oder »Zweimal ums Haus laufen«, »Du bekommst zwei Bonbons« usw. Der Mitspieler nennt eine Zahl, das gefaltete Blatt wird nun wie ein Schnabel in beide Richtungen auf- und wieder zugeklappt, bis es beim Erreichen der Zahl in einer Stellung offen bleibt. Dann zeigt der Mitspieler auf eine der nun vier sichtbaren Ecken, die vorsichtig hochgeklappt wird, bis man lesen kann, was er jetzt tun muss.

Die Mitspieler werden nicht nur in den Himmel oder in die Hölle geschickt. Mit den Ecken kann man sich auch andere Aufgaben ausdenken.

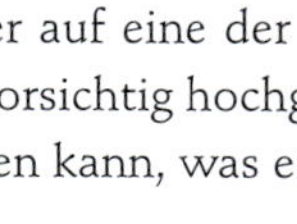
1

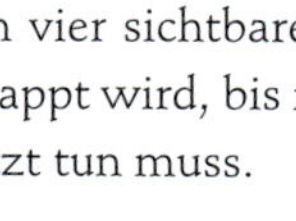
2

3

Windrad am Stöckchen

Man braucht dazu ein quadratisches Stück festes, bunt bemaltes Papier oder eine dicke Folie, ein etwa zehn Zentimeter langes und ein Millimeter dickes Stück Draht, zwei Holzkugeln mit einem Loch in der Mitte und natürlich ein Stöckchen.

Auf das Papier oder die Folie werden zwei sich kreuzende Linien jeweils von einer Ecke zur gegenüberliegenden gezeichnet. Dann wird das Papier entlang dieser Linie von jeder Ecke aus bis fast zur Mitte eingeschnitten, und in jedes der so entstehenden vier Segmente wird in die Mitte ein Loch gebohrt (1). Nun wird der Draht ein paar Mal um das Stöckchen gewickelt und durch eine Holzkugel, durch das mittlere Loch und die vier äußeren Löcher der Folie sowie durch eine zweite Holzkugel gezogen. Schließlich muss nur noch der Draht umgebogen werden, und schon ist das selbst gebastelte Windrad fertig (2).

Das Rad dreht sich bereits bei leichtem Wind, und bei einem Windrad-Wettrennen dreht es sich bei dem Kind am schönsten, das am schnellsten läuft.

Kinder haben an selbst gebasteltem Spielzeug viel mehr Freude als an gekauftem.

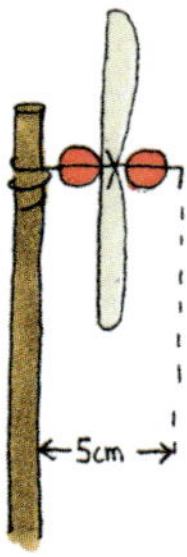

2

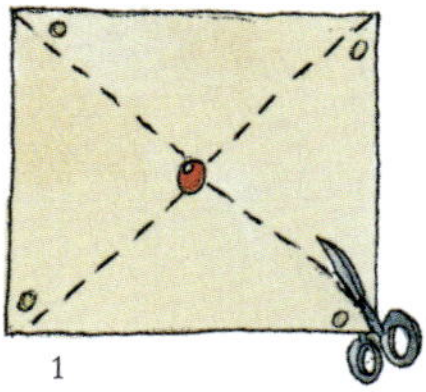

1

Diabolo

Der Diabolo sieht ein bisschen so aus wie eine Sanduhr. Es ist ein »Doppelkreisel«, früher aus Holz, heute meist aus Kunststoff, der auf einer Schnur balanciert wird, an deren beiden Enden sich als Griffe kurze Stöcke befinden. Durch Hin- und Herwiegen des Diabolos auf der Schnur gewinnt er an Geschwindigkeit und wird durch ruckartiges Spannen hochgeschleudert und wieder auf der Schnur gefangen. Besonders Mädchen erwiesen sich früher als ausdauernde und geschickte Diabolospieler. Sie beherrschten verschiedene Tricks, etwa die Schnur einmal um den Diabolo zu schlagen und ihn so zu besonders hoher Geschwindigkeit anzutreiben, bevor er im richtigen Augenblick »befreit« und hochgeschleudert wurde.

Beim Diabolospiel geht es zunächst darum, den Diabolo möglichst lange auf der Schnur zu balancieren, ihn hochzuwerfen und dann wieder sicher aufzufangen. Wessen Diabolo dabei auf den Boden fällt, der scheidet aus. Schließlich entscheidet ein Wettbewerb, wer den Diabolo am höchsten schleudern und ihn anschließend wieder sicher auffangen kann. Die Zuschauer sollten aber unbedingt einen ausreichend großen Sicherheitsabstand einhalten!

Diabolo ist ein aus alten Zeiten überliefertes Geschicklichkeitsspiel, mit dem sich damals wie heute vergnügliche Spielenachmittage verbringen lassen.

Reifenrennen

Früher spielten die Kinder meist mit Holzreifen oder eisernen Fassringen, die mit einem kurzen Stock angetrieben wurden. Aber auch Fahrradfelgen eignen sich, und heute gibt es Reifen aus Kunststoff, die neben dem Vorzug, dass sie nicht »eiern«, auch noch leicht und langlebig sind.

Das Spiel mit dem Reifen ist denkbar einfach und kurzweilig. War er früher ständiger Begleiter von Jungen auf Botengängen oder bei anderen unliebsamen Besorgungsaufträgen, geht es heute darum, den Reifen so schnell und geschickt wie möglich durch einen Hindernisparcours zu treiben. Als Hindernisse eignen sich alle möglichen verfügbaren Gegenstände, vom Blumentopf bis zur Mülltonne. Schikanen in Form eines kurzen Kies- oder Sandwegs machen den Parcours noch interessanter.

Eine Spielvariante ist das Reifendrehen. Jeder Mitspieler versucht, seinen auf einem Punkt stehenden Reifen so kräftig anzustoßen, dass er sich möglichst lange dreht. Sieger ist, wessen Reifen als Letzter umfällt.

Ebenso beliebt ist ein Wettrennen zwischen den Reifentreibern, wobei keiner den anderen behindern darf. Wessen Reifen umfällt, der scheidet aus.

Papierflieger

Dieser einfache Papierflieger ist schnell gefaltet und fliegt sehr schön. Wessen Flieger schafft es am weitesten?

Ein Blatt Papier wird der Länge nach gefaltet und wieder auseinander gelegt, so erhält man die Mittellinie (1). Die beiden oberen Ecken werden jetzt zu dieser Mittellinie hin gefaltet (2). Anschließend werden die beiden Seiten ein zweites (3) und schließlich noch ein drittes Mal zur Mittellinie hin gefaltet (4). Dann wird das Ganze um die Mittellinie nach hinten gefaltet (5), und die beiden zuletzt gefalteten Klappen werden als Flügel abgespreizt.

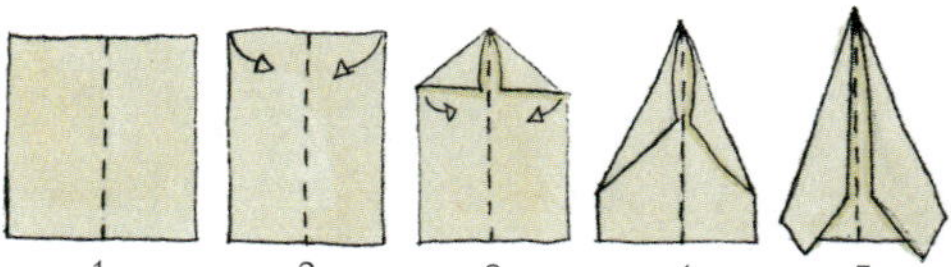

Einfach die einzelnen Schritte nacharbeiten, und schon kann der Flieger abheben.

Kullerbahn

Aus zwei Brettern, die im Winkel von 90 Grad L-förmig längs aneinander genagelt werden, lässt sich mit wenigen Handgriffen eine Kullerbahn bauen. Die Bahn kann entweder an einem abschüssigen Wegstück oder Hügel, mit zwei Steinen oder einem kleinen, selbst gebastelten Holzkreuz schräg gestellt werden. Zum Kullern eignen sich Murmeln oder auch hart gekochte Eier. Früher spielten die Kinder mit mehreren hart gekochten Eiern, und alle Mitspieler durften nacheinander ein Ei die Kullerbahn hinunterrollen lassen. Wessen Ei am weitesten kam, hatte gewonnen und der bekam das Ei, das am wenigsten weit gerollt war. Beschädigte Eier scheiden aus.

Hüpf- und Hinkespiele

Hüpfspiele lassen sich überall spielen, wo man mit Kreide auf den Boden zeichnen oder mit einem Stock die Felder in die Erde ritzen kann. Mit Geschick und Freude spielen schon seit vielen Generationen die Kinder »Himmel und Hölle« und andere Hüpfspiele.

Zu Beginn jedes Hüpfspiels wirft das Kind, das an der Reihe ist, einen Stein in das erste Feld. Dieses Feld wird erst übersprungen, und beim Rückweg muss der Stein auf einem Bein stehend aufgehoben werden. Nun wird der Stein in das nächste Feld geworfen, das nun übersprungen werden muss.

Während die Hüpfspiele vor allem von den Mädchen gespielt wurden, erfreuten sich Hinkespiele, bei denen Geschicklichkeit, Ausdauer und ein gewisses Maß an Kraft nötig sind, bei den Jungen großer Beliebtheit.

Himmel und Hölle

Gehüpft wird von einem Feld zum nächsten, wobei man nicht auf einen Strich springen, versehentlich ein Feld auslassen oder in die »Hölle« treten darf. Im »Himmel« kann man sich kurz ausruhen, und dort wird auch gewendet. Der Himmel stellt das oberste Feld dar, die Hölle liegt z. B. direkt darunter. Am besten beschriftet man diese Kästchen oder malt sie farbig an.

Beim ersten Durchgang hüpfen die Kinder mit beiden Beinen, beim zweiten mit gekreuzten Beinen, beim dritten auf einem Bein und zum Schluss mit geschlossenen Augen. Wer einen Fehler macht, also auf eine Linie tritt oder ein Feld auslässt, muss aussetzen, bis die nächste Runde gespielt wird.

Kugelhüpfen

Mit Kreide oder Kohle werden die runden Hüpfkästchen, die Kugeln, auf den Asphalt gezeichnet bzw. mit einem Stöckchen in die Erde geritzt. Nun versuchen die Kinder nacheinander, ihr Steinchen in den Himmel zu werfen. Wer als Erster hineintrifft, darf beginnen. Zuerst wird nun das Steinchen in das Feld 1 geworfen. Das Feld wird übersprungen, danach wird in die Felder 2 und 3 gleichzeitig mit je einem Bein, in das Feld 4 beidbeinig usw. gesprungen. Im Himmel wird gewendet, dann werden die Kugeln in die andere Richtung durchhüpft, in Feld 1 wird das Steinchen aufgenommen. Danach wirft man das Steinchen in Feld 4, das nun beim Hochhüpfen ausgelassen wird. Wer einen Fehler macht – das Steinchen nicht ins richtige Feld oder auf die Feldmarkierung wirft oder falsch in die Kugeln hüpft – setzt eine Runde aus und fährt dann dort fort, wo er den Fehler gemacht hat.

Schnecke

Bei der »Schnecke« gelten dieselben Regeln wie bei »Himmel und Hölle«. Wer fehlerfrei alle zehn Felder normal, mit gekreuzten Beinen, auf einem Bein und schließlich mit geschlossenen Augen vor- und zurückgehüpft ist, darf in ein Feld seinen Namen eintragen. Dieses Feld kann nun nur noch von diesem Kind betreten werden, alle anderen müssen drüberhüpfen. Zwischen den mit Namen markierten Kästchen muss immer mindestens eines frei bleiben.

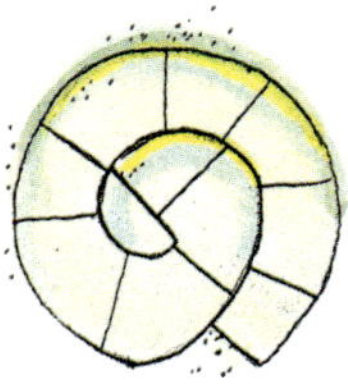

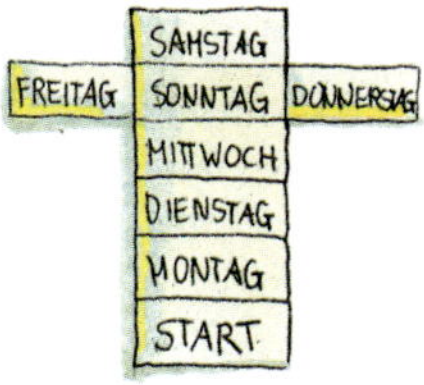

Wochentage-Hüpfen

Durch Abzählen wird festgelegt, welches Kind beginnt. Die Kästchen werden bei diesem Spiel nach Wochentagen benannt. Es wirft nun sein Steinchen auf Montag und springt vom Start direkt auf Dienstag. Bei Mittwoch angekommen, grätscht es in Donnerstag und Freitag, springt auf Samstag, wendet dort und hüpft über Sonntag zurück. Auf dem Rückweg lässt es Montag nicht aus und nimmt dort sein Steinchen auf. Zurück am Start, wirft es sein Steinchen in das Feld Dienstag. Anschließend beginnt es wieder von vorn. Auch bei diesem Hüpfspiel sind Varianten möglich: auf einem Bein hüpfen, rückwärts hüpfen usw.

Vierzigerhüpfen

Auf den Boden wird ein großes Rechteck gezeichnet, das in 40 (10 x 4) kleine Quadrate eingeteilt wird. Die Quadrate müssen so groß sein, dass man darin stehen kann, also mindestens 30 x 30 Zentimeter. Jetzt werden die 40 Kästchen durchnummeriert, wobei nie zwei aufeinander folgende Zahlen nebeneinander stehen. Sie dürfen aber auch nicht allzu weit auseinander liegen, weil beim Vierzigerhüpfen die Zahlenreihe in der richtigen Reihenfolge gehüpft wird. Aufeinander folgende Zahlen müssen also mit einem Sprung noch erreichbar sein. Ein Kind wird ausgezählt und beginnt mit dem Hüpfen. Hat ein Mitspieler die Kästchen mit den Zahlen 1 bis 40 in der richtigen Reihenfolge durchhüpft, ohne eine Zahl auszulassen, muss er von 40 abwärts bis 1 springen. Wer einen Fehler macht, setzt aus, bis die anderen gehüpft sind, und darf dann an der Stelle weitermachen, wo der Fehler passiert ist.

Haben alle Kinder die 40 Kästchen hin und zurück durchhüpft, wird es schwieriger: Jetzt wird auf einem Bein gehüpft, dann mit gekreuzten Füßen usw.

Mit Kreide werden Kästchen und Zahlen aufgezeichnet, um das Vierzigerhüpfen spielen zu können.

1	6	9	11	18	21	25	35	38	40
7	8	12	15	20	24	27	36	39	37
2	5	10	19	17	22	26	34	32	33
4	3	13	16	14	23	28	30	29	31

Apfelschnappen

Ein schon in der Antike beliebtes Spiel, wobei ein Stück Apfel an einer Schnur festgebunden wird und in geringem Abstand über den Köpfen der Kinder schwebt. Diese müssen nun versuchen, hoch genug zu hüpfen, um mit den Zähnen das Apfelstück zu erwischen.

Froschhüpfen

Die Kinder kauern sich in gleichmäßigem Abstand von etwa einem Meter in einer Reihe hintereinander in Hockstellung nieder und haben die Hände in die Hüften gestützt. Jetzt hüpft das erste Kind los, die anderen folgen ihm im gleichen Tempo, ohne aufeinander zu hüpfen oder umzufallen. Wem das passiert, der wird ausgelacht und muss ganz ans Ende der Reihe.

Storch und Frösche

Ein durch Auszählen bestimmtes Kind steht als Storch auf einem Bein aufrecht da. Die anderen Kinder kauern als Frösche in Hockstellung auf dem Boden und umhüpfen den Storch, der versuchen muss, einen Frosch zu fangen. Gelingt ihm das, wird der gefangene Frosch zum Storch.

Sackhüpfen

Alle Mitspieler stecken in einem Sack, der ihnen bis über die Schulter reicht, so dass nur noch der Kopf herausschaut. In einer Reihe aufgestellt, versuchen sie nun, ein Ziel so schnell wie möglich zu erreichen. Die Fortbewegungsart kann dabei frei gewählt werden: hüpfen, in kleinen Schritten gehen, auf Knien rutschen, ja sogar kriechen. Die Hände dürfen jedoch nicht zu Hilfe genommen werden. Wer umfällt, muss wieder aus eigener Kraft aufzustehen versuchen. Ein sandiger Untergrund, auf dem sich niemand verletzen kann und der das ohnehin schon schwierige Vorwärtskommen noch erschwert, ist bei diesem Spiel ideal.

Die einfachere Variante des Sackhüpfens: Der Sack wird mit beiden Händen beim Springen an der Öffnung festgehalten.

Gummitwist

Vor allem Mädchen vertrieben sich früher gern die Zeit mit Gummitwist. Dieses Hüpfspiel wird mindestens zu dritt gespielt, wobei zwei Kinder das Gummi halten, während eines hüpft.

Das etwa eineinhalb Zentimeter starke und ungefähr vier Meter lange Gummiband wird zusammengeknotet. Zwei der Kinder stellen sich mit leicht gegrätschten Beinen in das Band, so dass es leicht gespannt ist. Das dritte Kind springt nun die zuvor vereinbarten Figuren in das Gummibandrechteck hinein und wieder heraus.

In der ersten Runde wird das Gummi in Knöchelhöhe gespannt, dann in Kniehöhe, dann am Oberschenkel und als Letztes in der Hüfte. So werden die Figuren immer schwieriger zu hüpfen. Macht das hüpfende Kind einen Fehler, muss es die Figur noch einmal von vorn beginnen. Wer die Figuren in allen Schwierigkeitsgraden hintereinander fehlerfrei hüpfen kann, ist Hüpfprinzessin.

Die Zeichnungen 1 bis 5 zeigen eine Figurenvariante, wie man mit dem Gummi hüpfen kann.

Seilhüpfen

Ebenfalls vor allem bei Mädchen beliebt war das Seilhüpfen. Dazu braucht man ein Sprungseil, das nicht zu lang sein darf. Stellt man sich mit geschlossenen Beinen darauf, und reicht es auf beiden Seiten eine Handbreit über die Hüfte, ist die Länge richtig. Manche Sprungseile haben Griffe aus Holz, aber auch mit einem einfachen Kälberstrick lässt sich gut seilhüpfen.

Die einfachste Art des Seilhüpfens, nämlich mit beiden Beinen gleichzeitig, während das Seil über den Kopf nach vorn geschwungen wird, ist schnell und leicht zu erlernen. Bei jedem Sprung wird laut gezählt, und wer eine bestimmte Anzahl Sprünge nacheinander als Erster schafft, hat gewonnen.

Die Sprünge macht man am bequemsten mit Zwischenhüpfern (die sportliche Variante entsprechend ohne).

Henriette,
goldne Kette,
goldne Schuh –
wie alt bist du?

Schwieriger wird es, nur auf einem Bein zu hüpfen, wobei nach fünf oder zehn Schwüngen jeweils das Bein gewechselt wird. Auch das Abwechseln des Sprungbeins beim »Gehen« und schließlich das Schwingen des Seils von vorn über den Kopf nach hinten sind Varianten dieses Spiels. Manchen gelingt sogar die Kunst, während des Schwingens die Arme vorn zu überkreuzen.

Neben dem bloßen Zählen der Sprünge gibt es auch die Möglichkeit, Abzählreime, Sprüche oder Ulkgeschichten im Takt herzusagen. Als Fehler gilt dann ebenfalls, eine Zeile der Geschichte auszulassen.

Das große Springseil

Das große Springseil wird von zwei Spielern geschwungen, es kann zur Not aber auch an einer Seite fixiert werden, etwa an einem Baum oder Pfosten, so dass ein Kind schwingt und das andere springt. In diesem gut durchschwingenden Seil können nach fehlerfreiem Einspringen verschiedene Figuren gesprungen werden: mit einem oder mehreren Zwischenhopsern, auf einem Bein und mit Drehungen. Die Kinder, die das Seil schwingen, zählen laut die Sprünge und stellen so fest, wer am längsten fehlerfrei springt.

Oder sie sagen einen Vers auf, in dem beschrieben wird, was das hüpfende Kind tun muss, etwa:

»Teddybär, Teddybär, dreh dich um
Teddybär, Teddybär, mach dich krumm
Teddybär, Teddybär, heb den Fuß
Teddybär, Teddybär, wie alt bist du?«

Beim Teddybärhüpfen werden nach der letzten Verszeile so viele Sprünge angefügt, so alt das springende Kind ist. Danach muss es versuchen, herauszurennen, ohne dass das Seil hängen bleibt.

Hinklauf

Alle Kinder stehen hintereinander in einer Reihe. Jeder fasst mit der linken Hand den angehobenen linken Fuß des Vordermanns und legt die rechte Hand auf dessen Schulter. Auf ein Zeichen hin beginnt nun der Hinklauf auf ein Ziel zu.

In einer Variante zum Hinklauf stehen alle Kinder nebeneinander in einer Reihe. Jedes nimmt nun den linken Fuß in die eigene linke Hand oder den rechten Fuß in die rechte Hand. Auf ein Zeichen hinken nun alle auf ein Ziel zu. Wer zuerst ankommt, ist Sieger.

Hinkend über den Schulhof: Die lustige Kette wankt und schreit. Häufig hängen sich weitere Kinder an.

Hinkkampf

Die Kinder stellen sich in Dreiergruppen auf, halten die Arme gekreuzt vor die Brust und hüpfen auf einem Bein aufeinander los. Sie stoßen sich gegenseitig mit den Schultern; Ziel ist es, einander aus dem Gleichgewicht zu bringen. Wer sein angezogenes Bein zu Hilfe nehmen muss, scheidet aus. Jeder Gruppe ist ein Feld zugewiesen, das die Mitspieler nicht verlassen dürfen, sonst sind sie ebenfalls ausgeschieden. Der Übriggebliebene der letzten Dreiergruppe ist Sieger.

Lahmer Peter

Ein Kind, das durch Auszählen bestimmt wurde, fragt ein zweites: »Hast du den lahmen Peter nicht gesehn?« Das gefragte Kind antwortet nicht, sondern macht auf einem Bein stehend allerlei Grimassen und Verrenkungen, die alle Kinder nachmachen müssen. Nach einer Weile stellt es seinerseits die Frage einem dritten Kind, das nun die Rolle des Faxenmachers übernimmt.

Murmelspiele

Mit Steinen, Knöpfen, Glasmurmeln, Tonkugeln, Münzen, Kastanien, Bohnen und anderen Früchten oder Kernen als Spielmarken zu werfen, in ein Ziel zu treffen oder sie mit geschickten Schüssen in Kuhlen zu versammeln, entfesselt seit langem den kindlichen Spieltrieb und hat im Lauf der Jahrhunderte mannigfaltige Spielausprägungen und -abläufe hervorgebracht. Allen Murmelspielen gemeinsam sind die Faszination an der Spannung und der unstillbare Drang, besser zu werden, geschickter als die anderen. Begehrt sind auch die Varianten, bei denen Gewinne in Form von zusätzlichen Murmeln der Gegner eingestrichen werden.

Anschlagen

Ein Knopf – oder eine andere Spielmarke – wird aus einem Abstand von etwa drei Metern gegen eine Wand geworfen, so dass er abprallt. Kommt der Knopf näher als eine Handspanne neben dem Knopf eines Mitspielers zu liegen, dann »brennt« es, und der Werfer erhält dessen Marke. Liegt sie mehr als eine Handspanne von allen anderen Knöpfen entfernt, wirft das nächste Kind. Bei einem Durchgang wird mit drei Knöpfen pro Mitspieler geworfen, dann sammeln alle Kinder ihre Spielmarken wieder ein, und das Spiel beginnt von neuem.

Spielt man Murmelspiele im Sand, lassen sich Hindernisse, Täler und Berge schnell zusätzlich modellieren.

Spengeln

Ähnlich wie beim Anschlagen werden beim Spengeln Knöpfe gegen eine Wand geworfen, die zurückprallen und möglichst in einem kleinen Bodengrübchen oder in einem mit Kreide markierten Kreis liegen bleiben müssen. Der Spieler, dessen Knopf als Erster in der Grube oder innerhalb der Markierung landet, gewinnt die Knöpfe hinzu, die innerhalb der Spanne seiner Hand neben der Grube liegen bleiben. Ist der erste Spieler bereits im Ziel, so kann er nur seinen eigenen Knopf als Gewinn verbuchen.

Brettrollen

Ein Brett wird gegen eine Wand gestellt, so dass eine schiefe Ebene entsteht. Über dieses Brett lassen die Mitspieler nacheinander ihre Knöpfe herunterrollen. Landet ein Knopf auf einem anderen, so bekommt das Kind, dessen Knopf oben liegt, den anderen hinzu. Bei Murmeln gelten die als gewonnen, die angestoßen wurden.

Bohnenwerfen

Aus einem Abstand von etwa zwei bis drei Metern versuchen die Mitspieler nacheinander, eine Bohne in ein Loch zu werfen. Das erste Kind, dessen Bohne im Loch landet, darf versuchen, andere Bohnen mit einem Fingerschnippen ebenfalls hineinzubefördern. Gelingt ihm das, erhält es alle Bohnen, die im Loch sind. Schießt es aber einmal daneben, so darf das Kind, dessen Bohne dem Loch am nächsten liegt, versuchen, weitere Bohnen hineinzuschnippen.

Scherbenwerfen

Ein unterhaltsames Spiel, das meist von Jungen gespielt wurde, ist das Scherbenwerfen. Dabei geht es darum, die möglichst glatten, scheibenähnlichen Steinchen oder Scherben schräg und mit viel Schwung auf eine Wasserfläche zu werfen, so dass sie mehrmals abspringen. Wessen Steine oder Scherben am meisten und am weitesten springen, der ist Wurfkönig.

Wer im Scherbenwerfen schon geübt ist, kann es auch mit unhandlicheren Steinen versuchen.

Stöckeln

Für dieses Spiel benötigt man einen Ziegelstein und vier bis acht Knöpfe für jedes Kind. Jeder Mitspieler legt einen Knopf auf den Ziegelstein. Aus drei Meter Entfernung werfen alle nacheinander ihre restlichen Knöpfe so nah wie möglich an den Stein. Wessen Knopf am nächsten liegt, kippt den Stein um und darf die Knöpfe behalten, deren Vorderseite nach oben zeigt. Der Zweite wirft die übrigen Knöpfe hoch und lässt sie auf den Boden fallen. Er behält die Knöpfe, deren Vorderseite nach oben zeigt. Schließlich kommt der Dritte an die Reihe usw., bis alle Knöpfe verteilt sind. Dann beginnt das Spiel aufs Neue.

Murmelwerfen

Für dieses Murmelspiel braucht man große und kleine Murmeln. Mindestens zwei Spieler werfen je eine große Murmel von einem festen Punkt aus in eine Richtung. Dann versuchen sie nacheinander, die Murmel mit einem Schnippen gegen die eines anderen Kindes zu stoßen. Gelingt ihnen das, muss der Besitzer der getroffenen Murmel dem erfolgreichen Schützen eine kleine Murmel geben. Haben alle Kinder einmal geschnippt, werden die Murmeln zur nächsten Runde geworfen.

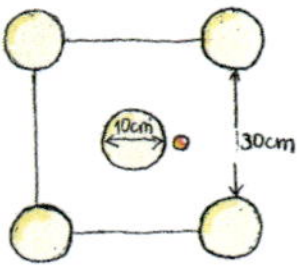

Nur die mittlere Mulde ist das Ziel. Alle anderen Mulden gelten als Hindernisse und bringen keine Punkte.

Murmelpott

Beim Murmelpott werden vier etwa faustgroße Mulden im Quadrat in den Boden gegraben; eine weitere Mulde kommt in die Mitte des Quadrats. Vor dieser Mulde, dem Pott, liegt eine kleinere Mulde. Aus einem Abstand von etwa zwei Metern versuchen die Spieler nun nacheinander, eine Murmel in den Pott zu schnippen. Landet sie in der kleineren, dem Pott vorgelagerten Mulde oder in einer der Eckmulden, müssen zwei Strafmurmeln in den Pott gegeben werden. Derjenige Mitspieler, der in den Pott trifft, erhält alle Murmeln, die darin sind.

Da man hierbei Murmeln gewinnen oder verlieren kann, ist es gut, vorher den Höchsteinsatz auszumachen, den jeder Mitspieler zu leisten bereit ist. Oder man wirft alle Murmeln in eine »Gemeinschaftskasse«, aus der man sich während des Spiels bedient. Nach Spielende erhält jeder seine eigenen Kugeln wieder zurück.

Murmelkehraus

Eine flache Mulde mit etwa fünf bis zehn Zentimeter Durchmesser wird in den Boden gegraben. In diese Mulde gibt jeder der Mitspieler zwei bis drei Murmeln. Nun stehen alle um die Mulde herum und lassen nacheinander am waagrecht ausgestreckten Arm eine weitere Murmel in die Mulde fallen. Werden dadurch andere Murmeln aus der Grube getrieben, darf sie der Spieler behalten.

Gespielt wird so lange, bis einem oder mehreren Mitspielern die Murmeln ausgehen oder das Spiel seinen Reiz verliert. Die Murmeln, die am Spielende noch in der Grube liegen, werden unter den Mitspielern aufgeteilt.

Grubenmurmeln

Alle Mitspieler graben kleine Mulden im Abstand von etwa 20 Zentimetern in den Boden, und jeder markiert seine Mulde mit einem Blatt oder einer seiner Murmeln, die er hineinlegt. Nun versuchen alle nacheinander, eine Murmel in die eigene Grube zu rollen oder zu werfen. Landet sie in einer fremden Mulde, gehört sie dessen Besitzer. Zehn Murmeln müssen so ihren Weg finden.

Spiele mit Murmeln sind älter als zweitausend Jahre. Viele Regeln halten sich über Generationen und werden nur in leichten Abwandlungen gespielt.

Knopfschießen

Bei diesem Spiel braucht man außer Murmeln noch einen Knopf. Dieser wird auf einen Stein oder ein Stück Holz gelegt. Reihum versuchen nun die Kinder, mit ihren Murmeln den Knopf von seinem Podest zu schießen. Einen Punkt bekommt der Spieler aber nur, wenn der Knopf mit der Vorderseite nach oben auf dem Boden landet. Wer als Erster eine zuvor ausgemachte Punktzahl erreicht hat, ist Sieger.

Murmelhaus

Ein Schuhkarton ist rasch in ein Murmelhaus umgebaut. In eine Längsseite des Kartons werden zum Beispiel fünf verschieden große Löcher geschnitten. Das größte Loch bekommt den Wert 1, die weiteren Löcher je nach Größe die Werte 2, 4, 6 und 8. Je kleiner das Loch und je schwieriger es ist, mit der Murmel hineinzutreffen, desto höher ist die Punktzahl. Das Murmelhaus wird nun auf einen ebenen Untergrund gestellt, und die Mitspieler versuchen der Reihe nach, aus einem Abstand von drei Metern jeweils eine Murmel in eines der Löcher zu rollen. Für jede Murmel, die ins Loch trifft, erhält der Mitspieler die entsprechende Punktzahl. Landet eine Murmel nicht im Murmelhaus, wird ein mittlerer Punktwert (3 oder 4 Punkte) abgezogen. Nach einer vorher festgelegten Anzahl von Durchgängen wird gezählt, wer die meisten Punkte hat. Dieser Mitspieler bekommt vom Zweitplatzierten eine, vom Drittplatzierten zwei Murmeln usw.

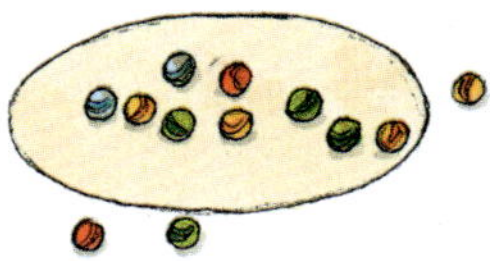

Murmelschießen

Auf den Boden wird eine Reihe aus Murmeln gelegt, die alle in einem Abstand von etwa fünf Zentimetern nebeneinander liegen. Jeder Mitspieler steuert ein paar seiner Murmeln für diese Reihe bei. Nun darf einer nach dem anderen versuchen, aus einem Abstand von zwei Metern mit seiner Murmel eine Murmel dieser Reihe zu treffen. Schafft er es, darf er sie behalten. Es wird so lange gespielt, bis alle Murmeln getroffen wurden.

Murmeln aus dem Kreis

Auf den Boden wird ein Kreis von etwa 20 Zentimeter Durchmesser gezeichnet. In diesen Kreis verstreut jeder Mitspieler eine Anzahl Murmeln. Etwa drei Meter vom Kreis entfernt wird eine Wurflinie aufgezeichnet. Nacheinander wirft nun jeder Mitspieler eine Murmel in Richtung des Kreises. Wessen Murmel am nächsten außerhalb des Kreises zu liegen kommt, der beginnt das Spiel. Der Mitspieler, dessen Murmel am zweitnächsten liegt, kommt als Zweiter an die Reihe usw. Landet bei dieser Ausscheidung aber eine Murmel im Kreis, muss sie dort bleiben.

Murmelspiele fördern die Geschicklichkeit und wecken ganz nebenbei einen gesunden Ehrgeiz, da das Kind von sich aus anstrebt, immer besser zu werden.

Nun rollt der erste Mitspieler von der Wurflinie aus eine Murmel in den Kreis und versucht, eine der dort liegenden Murmeln herauszukatapultieren. Gelingt ihm das und beide Murmeln verlassen den Kreis, darf er die getroffene Murmel behalten und ist noch einmal an der Reihe, diesmal von dort aus, wo seine eigene Murmel liegt. Er ist so lange an der Reihe, bis er es nicht mehr schafft, seine Murmel und eine weitere Murmel aus dem Kreis hinauszubefördern.

Verlässt nur eine Murmel den Kreis, ist der nächste Mitspieler dran. Im zweiten Durchgang wird dann von dort aus gezielt, wo die Murmel liegen geblieben ist.

Bleibt auch die eigene Murmel im Kreis liegen, muss der Mitspieler im nächsten Durchgang mit einer neuen Schießmurmel wieder von der Wurflinie aus beginnen.

Ballspiele

Ebenso wie das Spiel mit dem Reifen gehört das Ballspiel zu den ältesten Belustigungen. Schon alte ägyptische und chinesische Abbildungen zeigen das ausgelassene Spiel mit dem beliebten Rund. Was sogar Erwachsene mit Eifer betreiben, stößt bei Kindern mit ihrem angeborenen Bewegungsdrang auf großes Echo. Das Spiel mit dem Ball gehört zu den variantenreichsten Spielarten überhaupt. Ob geprellt, geworfen, gestoßen, getreten, gerollt, geschleudert – ein Ball löst bei jedem Kind spontan Aktionen aus, und in der Gruppe ergeben sich sofort viele Spielmöglichkeiten.

Neben die Eltern-Kind-Ballspiele und die reglementierten, arrivierten Gruppenspiele treten quasi als Übergang die Spiele, die seit Jahrhunderten auf der Straße und in Kindergärten überliefert werden. Sie haben sich bis heute in ein paar wenigen Grundformen erhalten.

Ballprellen

Die einfachste Form des Ballspiels ist das Ballprellen. Dabei wird der Ball an eine Wand geprellt und wieder aufgefangen. Anfangs wird mit beiden Händen geworfen und gefangen, dann, um den Schwierigkeitsgrad zu erhöhen, nur mit der linken oder der rechten Hand. Gewonnen hat, wer den Ball am längsten gegen die Wand prellen kann, ohne ihn auf den Boden fallen zu lassen.

Unter Prellballspielen finden sich viele mit Abzählreimen oder bestimmten Zielen, die erreicht werden müssen. Immer wird der Ball zunächst gegen die Wand oder auf den Boden geprellt.

Eingeleitet wird das Spiel oft mit einem Spruch, etwa: »Lieber Ball, sag mir doch, wie viel Jahre leb ich noch?«

Ball-Zehner

Beim Ball-Zehner-Spiel muss der Ball auf verschiedene Arten gegen die Wand geworfen und wieder aufgefangen werden:

10-mal hintereinander mit beiden Händen prellen
9-mal mit der rechten Hand prellen
8-mal mit der linken Hand prellen
7-mal mit beiden Fäusten
6-mal mit der rechten Faust
5-mal mit der linken Faust
4-mal mit dem rechten Knie
3-mal mit dem linken Knie
2-mal mit der Stirn
1-mal mit der Brust

Wer einen Fehler macht – den Ball auf dem Boden aufkommen lässt oder nicht richtig zählt –, muss aussetzen, bis der nächste Spieler einen Fehler macht, und darf dann an der unterbrochenen Stelle weiterspielen. Gewonnen hat, wer als Erster seine Übungen von 10 bis 1 gespielt hat.

Verliebt, verlobt, verheiratet

Alle Kinder stehen im Kreis und werfen sich möglichst überraschend und ohne feste Reihenfolge den Ball zu. Wer ihn fallen lässt, gilt als »verliebt«, beim zweiten Mal als »verlobt«, beim dritten Mal als »verheiratet«. Danach kommen »Kinder« bis zu einer vor dem Spiel ausgemachten Anzahl. Lässt er den Ball dann erneut fallen, muss der Mitspieler ausscheiden.

Bei Mannschaftsspielen werden üblicherweise vor Beginn des Spiels die Gruppen durch abwechselndes Aufrufen gewählt.

Wenn der Letzte stirbt

Dies ist ein Ballspiel für mindestens zehn Kinder. Zwei gleich große Gruppen stehen sich in zwei Halbkreisen, die eine flache Ellipse bilden, gegenüber. Nun bekommt ein Kind einer Gruppe den Ball und wirft ihn unverhofft einem Kind der gegnerischen Gruppe zu. Fängt dieses Kind den Ball, wirft es ihn wieder zurück zur ersten Gruppe. Das Kind, das den Ball nicht fängt, tritt drei Schritte zurück und scheidet aus; es »stirbt«. Schließlich bleiben in jeder Gruppe nur noch wenige Spieler übrig, bis von einer das letzte Kind ausscheidet. In diesem Augenblick, wenn das letzte Kind einer Gruppe stirbt, macht sich die siegreiche Gruppe auf und versucht, alle Kinder der unterlegenen Gruppe zu fangen, bevor sie ein Freimal erreichen können, das zu Beginn des Spiels im Abstand von etwa 50 Metern ausgemacht wurde.

Klatschball

Die Kinder bilden einen Kreis. In der Mitte steht ein Kind mit einem Ball. Es dreht sich langsam um sich selbst, und die Kinder im Kreis, denen es sich zuwendet, klatschen nacheinander in die Hände als Zeichen, dass sie bereit sind, den Ball zu fangen. Ab und zu wirft das Kind dann den Ball einem anderen Kind zu. Wer ihn fallen lässt, scheidet aus. Ebenso, wer den Ball zugeworfen bekommt, ohne geklatscht zu haben.

Der Spieler in der Mitte kann auch durch denjenigen, der den Ball verloren hat, ersetzt werden.

Kaiser, König, Edelmann …

Jeder Mitspieler bekommt einen Titel einer bestimmten Rangstufe: Kaiser, König, Edelmann, Ritter, Kaufmann, Bürger, Bauer, Tagelöhner, Bettelmann. Nachdem die Titel per Abzählen verteilt sind, platzieren sich die Kinder in einem großen Kreis. Jedes Kind malt einen kleinen Kreis von einem halben Meter Durchmesser auf den Boden und schreibt seinen Titel hinein.

Nun stellen sich alle Kinder in ihren Kreis, und der Kaiser wirft einem anderen Kind den Ball zu. Der Ball muss gefangen werden, möglichst ohne den Kreis zu verlassen. Verlässt der Mitspieler seinen Kreis, kann ein Rangniedrigerer dessen Stellung einnehmen, indem er schnell in den Kreis des anderen springt.

So wechseln im Verlauf des Spiels die Rangstufen, und eine Runde dauert mindestens so lange, bis der Kaiser entthront wurde. Derjenige Mitspieler, der dabei als Erster in den leeren Kreis gekommen ist, darf diesen Platz behalten.

Ich bin ein Student

Bei diesem Ballspiel wird der Ball hoch in die Luft geworfen und vom gleichen Spieler wieder aufgefangen. Während der Ball in der Luft ist, muss zwischendurch die folgende Geschichte zeilenweise erzählt werden. Gleichzeitig müssen bestimmte Bewegungen ausgeführt werden. Wer den Ball fallen lässt, beginnt von vorn.

»Ich bin ein Student
Ball hochwerfen und auffangen
und wasch mir die Händ
Händewaschen nachahmen
ich trockne sie ab
Händetrocknen nachahmen
steck sie in die Tasch
Hände in die Taschen stecken
knie nieder zum Gebet
Niederknien und kniend den Ball fangen
steh dann wieder auf
Aufstehen
und geh fröhlich nach Haus.«
Einmal im Kreis drehen

Das Spiel wird schwieriger, wenn nicht die richtigen Namen, sondern zuvor ausgemachte Fantasienamen gerufen werden.

Namenball

Alle stehen in einem engen Kreis um das Kind, das den Ball hat. Es ruft nun den Namen eines Mitspielers und wirft den Ball so hoch wie möglich in die Luft. Dann laufen alle schnell davon, während das genannte Kind den Ball auffängt. Hat es den Ball gefangen, ruft es laut »Stopp!«, und alle müssen sofort stehen bleiben. Das Kind versucht nun, mit dem Ball einen Mitspieler zu treffen, der dann in der nächsten Runde den Ball hochschleudert.

Kirschen essen

Alle Kinder stellen sich in einem großen Kreis auf und werfen sich gegenseitig einen Ball zu. Lässt ein Kind den Ball fallen, sagen die anderen: »Kirschen gegessen.« Fängt es den Ball ein zweites Mal nicht, heißt es: »Wasser getrunken«, beim dritten Mal: »Bauchweh«, beim vierten Mal: »Der Doktor kommt«, beim fünften Mal: »Ins Krankenhaus«, beim sechsten Mal: »Operation«, beim siebten Mal: »Gestorben«, beim achten Mal: »Beerdigung« und beim neunten Mal: »Himmel«, womit das Kind ausgeschieden ist. Es wird so lange gespielt, bis nur noch ein Kind übrig bleibt.

Spielverlängerung schwarz, weiß, rot, verwundet, schwer verwundet scheintot, tot, mausetot, begraben.

Ausweichen

Alle Kinder sitzen auf dem Boden in einem großen Kreis und rollen sich den Ball zu. Im Kreisinneren versucht ein Kind, das durch Abzählen bestimmt wurde, dem Ball auszuweichen, wobei es ebenfalls nur sitzen (kriechen, krabbeln) darf. Wird es getroffen, dann ist es erst »verwundet«, dann »schwer verwundet«, dann »tot« und schließlich »mausetot« und scheidet aus. Das Spiel beginnt dann von neuem.

Eselball

Die Mitspieler stehen in einem großen Kreis und werfen sich der Reihe nach den Ball zu. Wer den Ball nicht fängt oder schlecht weitergibt, sagt beim ersten Mal »E«. Passiert ihm wieder ein Missgeschick, sagt er laut »S«, beim dritten Mal wieder »E«, beim vierten Mal »L« und nennt sich schließlich »Esel«. Nun beginnt das Spiel von neuem, bis sich der nächste Esel nennt.

Wurfball

Zwei gleich große Kindergruppen stehen sich im Abstand von etwa acht bis zehn Metern gegenüber. Nun wird der Ball von einer Mannschaft zur anderen geworfen und möglichst in der Luft gefangen. Jeder aufgefangene Ball zählt einen Punkt, und die Mannschaft, die zuerst 30 Punkte erreicht, hat gewonnen. Eine Variante, bei der sich zwei Kindergruppen gegenüberstehen, ist der Kreuzball. Hierzu nimmt man zwei Bälle. Die Kinder stehen sich in zwei Reihen gegenüber. An jeweils einem Ende der Reihe beginnt ein Kind, seinen Ball dem schräg gegenüberliegenden Kind zuzuwerfen. Die Bälle kreuzen sich unterwegs.

Sind keine Mützen vorhanden, werden Löcher in den Boden gegraben oder Kreise aufgemalt.

Mützenball

Alle Mitspieler legen ihre Mütze oder ihr Taschentuch in einem Abstand von etwa einem halben Meter in einer Reihe auf den Boden. Ein durch Abzählen bestimmter Mitspieler stellt sich nun an das Ende der Reihe und wirft den Ball auf eine der am Boden liegenden Mützen. Der Mitspieler, dem die Mütze gehört, muss nun den Ball aufnehmen, während alle anderen schnell weglaufen. Hat der Mitspieler den Ball, ruft er laut »Halt!«, und alle müssen stehen bleiben. Nun muss er versuchen, einen der Mitspieler mit dem Ball zu treffen. Gelingt ihm das, wird auf die Mütze des Betreffenden ein Steinchen gelegt. Verfehlt der Werfer sein Ziel, wird auf seine eigene Mütze ein Steinchen gelegt. Jetzt beginnt das Mützenwerfen erneut. Wer drei Steinchen auf seiner Mütze liegen hat, scheidet aus.

Trotzball

Trotzball wird zu dritt gespielt, wobei sich zwei Mitspieler im Abstand von etwa zehn Metern aufstellen und der dritte zwischen diesen beiden postiert ist. Nun werfen sich die beiden den Ball zu, während der Mitspieler in der Mitte versuchen muss, den Ball abzufangen. Gelingt ihm das, dann nimmt er die Position des Werfers ein. Berührt er jedoch den Ball, ohne ihn festhalten zu können, muss er in der Mitte bleiben.

Treffball

In einem großen Spielfeld (je nach Anzahl der Mitspieler zwischen 5x5 bis 15x15 Meter groß), das mit Stöckchen oder Kreide markiert wird, wirft ein durch Auszählen bestimmtes Kind den Ball hoch in die Luft. Ein Kind fängt den Ball auf und versucht, den Ball auf ein anderes Kind zu werfen. Der getroffene Mitspieler scheidet aus. Trifft der Werfer jedoch kein Kind, so muss er das Spielfeld verlassen. Gespielt wird so lange, bis nur noch ein Kind übrig ist.

Bei Blindball taucht der Ball wie aus dem Nichts im gegnerischen Spielfeld auf.

Blindball

Über eine Leine wird ein Leintuch gelegt, so dass sich die beiden Spieler nicht sehen können. Auf beiden Seiten ist das Spielfeld jeweils etwa 3x3 Meter groß. Nun wird der Ball von einer Seite zur anderen geworfen. Wer den Ball fallen lässt, bekommt einen Minuspunkt. Ebenso derjenige, der ihn so wirft, dass er außerhalb des gegnerischen Spielfelds landet.

Bußball

Alle Mitspieler stellen sich in einem großen Kreis auf. Der Ball wird von einem Mitspieler zum anderen geworfen. Wer ihn nicht richtig fangen kann oder so schlecht wirft, dass der Nächste im Kreis ihn nicht zu fassen bekommt, muss »büßen«. Er geht auf die Knie und versucht in dieser Stellung den nächsten Ball, der ihm zugespielt wird, zu fangen. Gelingt ihm das, darf er wieder aufstehen. Gelingt ihm das nicht, muss er sich setzen und den Ball in dieser Stellung zweimal fangen. Lässt er ihn wieder fallen, muss er sich auf den Bauch oder auf den Rücken legen, was das Fangen noch schwieriger macht.

Die Kinder, die versuchen, den Ball zu erhaschen, müssen Acht geben, dass sie sich im Eifer des Gefechts nicht in die Quere kommen.

Wer hat den Ball?

Ein Mitspieler stellt sich in etwa fünf Meter Entfernung mit dem Rücken zu den restlichen Mitspielern, die alle dicht nebeneinander in einer Reihe stehen. Er wirft den Ball rückwärts über den Kopf nach hinten, darf sich dabei aber nicht umdrehen. Ein Kind aus der Reihe fängt den Ball und gibt ihn entweder sofort weiter oder versteckt ihn selbst hinter dem Rücken. Alle halten jetzt die Hände nach hinten, und das Kind ruft: »Wer hat den Ball?« Der Ballwerfer darf sich umdrehen und muss raten, wer den Ball hinter dem Rücken versteckt hält. Errät er es, werden die Rollen getauscht.

1
2
3

Sportliche Spiele und Kräftemessen

Der sportliche Leistungsvergleich und die damit verbundene Wettkampfidee ist wohl so alt wie die Menschheit selbst. Sich vom anderen zu unterscheiden, sich mit ihm zu messen, möglichst besser zu sein, das steckt in jedem Menschen. In augenscheinlich aggressiveren Gesellschaften und Jahrhunderten waren Wettkampfspiele bei den Jungen eine beliebte Methode, den Ernst des Lebens und den kindlichen Spieltrieb miteinander zu verbinden. Und auch heute noch sind Spiele mit Wettkampfcharakter und das Messen der Kräfte bei Kindern beliebt. Einzeln oder in der Gruppe besser als der andere oder die anderen zu sein ist dabei Ansporn genug.

Bei diesen Spielen lernen die Kinder ihre körperlichen Grenzen kennen, Enttäuschungen zu ertragen, gute Verlierer und gute Gewinner zu sein.

Tauziehen

Zwei etwa gleich starke Kindergruppen stehen sich an einem langen Tau gegenüber. In der Mitte des Taus wird eine Markierung angebracht, die einen auf dem Boden eingezeichneten Bereich von etwa drei Meter Länge nicht verlassen darf. Schafft es eine Gruppe, die Markierung über die Grenze auf ihre Seite zu ziehen, hat sie gewonnen.

Kreisziehen

Dieses etwas rauere Spiel ist vor allem bei Jungen beliebt. Auf den Boden wird ein Kreis gemalt, der so groß ist, dass alle Mitspieler etwa schulterbreit voneinander entfernt außerhalb dieses Kreises stehen können. Nun fassen die Kinder ihre Nachbarn an der Hand, ziehen und zerren einander hin und her, wobei niemand in den Kreis treten darf. Wem das passiert, der scheidet aus. Es wird so lange gezerrt und gezogen, bis einer gewonnen hat.

Nach wenigen ausgeschiedenen Mitspielern muss der Kreis verkleinert werden.

Drehmühle

Zwei Kinder stehen sich so dicht gegenüber, dass ihre Fußspitzen aneinander stoßen. Nun fassen sie sich an den Händen und lehnen sich langsam so weit zurück, bis ihre Arme durchgestreckt sind. Sie halten sich im Gleichgewicht und beginnen nun, sich langsam zu drehen. Sie sagen dabei: »Die Mühle geht langsam, die Mühle geht schneller.« Dabei drehen sie sich immer schneller im Kreis, bis sie schließlich ins Gras purzeln.

Stockschieben

Jeweils zwei Kinder halten die Enden eines Stocks fest in einer Hand, während sie versuchen, einen Ring, der zwischen ihnen auf dem Boden liegt, mit der freien Hand aufzuheben. Die beiden versuchen dabei durch Ziehen und Schieben am Stock, den anderen aus dem Gleichgewicht zu bringen. Wer den Ring aufgehoben hat, ohne den Stock loszulassen, hat gewonnen.

Schwieriger wird es, wenn beide Kontrahenten nur auf einem Bein stehen dürfen und sich wieder durch Ziehen und Schieben am Stockende gegenseitig beim Aufheben des Rings behindern. Wer den Boden mit beiden Füßen berührt, scheidet aus.

Bockspringen

Wegen seiner Beliebtheit bei Napoleon I., der dieses Spiel gern von seinen Soldaten ausführen ließ und sich daran auch selbst öfter beteiligt haben soll, wurde dieses Spiel früher auch »Napoleonssprung« genannt.

Ein hoher Schwierigkeitsgrad wird beim Querstellen erzielt. Der Bock wird breiter, die Beine müssen stärker gegrätscht werden.

Mitten auf einem freien Platz beugt sich das erste Kind der Gruppe nach vorn und stützt sich mit den Händen an den Knien ab. Das nächste Kind springt im Grätschsprung über diesen »Bock« und stellt sich in ein paar Metern Entfernung in der gleichen Haltung auf. Wiederum das nächste Kind springt nacheinander über die beiden und wird zum dritten Bock usw. Sind alle Kinder gesprungen und ihrerseits zu Böcken geworden, löst sich die Reihe auf, indem der erste Bock über alle anderen springt, dann der zweite usw.

Das Spiel kann gesteigert werden, indem sich die Böcke vergrößern. Statt an den Knien stützt man sich dann an den Oberschenkeln ab oder verringert die Schrittstellung der Beine.

Hahnenkampf

Jeweils zwei Spieler kämpfen gegeneinander. Sie stehen auf nur einem Bein, haben die Arme vor der Brust gekreuzt und hüpfen nun so aufeinander los und versuchen, den anderen aus dem Gleichgewicht zu bringen. Wer umfällt bzw. das andere Bein zum Abstützen braucht oder die Arme von der Brust nimmt, scheidet aus. Gekämpft wird so lange, bis nur noch ein »Hahn« übrig ist.

Das lange Ross

Durch Auszählen teilen sich die Kinder in zwei Gruppen. Die einen sind die Pferde, die anderen die Reiter. Das kräftigste Kind von der Gruppe der Pferde stellt sich gebückt an einen Baum, die Hände auf die Knie oder an den Baum gestemmt. Dann stellt sich das nächste Pferd gebückt dahinter und hält sich am ersten fest usw., bis die ganze Gruppe der Pferde in der Reihe steht. Nun springen die Reiter auf. Das erste Kind der Gruppe der Reiter springt so weit wie möglich nach vorn auf die Reihe der Pferde, am besten bis vorne auf das erste Pferd, das nächste springt dahinter usw., bis alle Reiter hintereinander auf den Pferden sitzen. Jetzt setzt sich das lange Ross langsam und vorsichtig in Bewegung und wird immer schneller, bis schließlich alle jubelnd übereinander fallen.

Beim Reiterkampf stehen sich zwei Pferde gegenüber, die jeweils einen Reiter huckepack tragen. Die Reiter bekämpfen sich mit ihren Armen, bis einer herunterfällt.

Anschließend werden die Parteien gewechselt, und die vormaligen Reiter müssen sich als Rosse bewähren.

Der Kaiser schickt seine Soldaten aus

Aus einer größeren Kindergruppe werden zwei »Kaiser« bestimmt, die nun abwechselnd nacheinander ein Kind um das andere in ihre Mannschaft nehmen. Dann stellen sich die beiden »Soldatengruppen« in ein paar Meter Entfernung voneinander in einer Linie auf und halten sich an den Händen.

Nun beginnt ein Kaiser zu rufen: »Der Kaiser schickt seine Soldaten aus und schickt den Achim zum Tor hinaus!« Dieses Kind läuft nun los und versucht mit Schwung die gegnerische Soldatenkette zu durchbrechen. Gelingt ihm das, darf er einen der Soldaten mitnehmen, der die Hand losgelassen hat, und die eigene Gruppe vergrößern. Kommt er jedoch nicht durch, muss er sich in die gegnerische Kette einreihen.

Dann schickt der zweite Kaiser einen seiner Soldaten aus. Die Kaiser können aber auch selber losrennen mit dem Ruf: »Der Kaiser schickt sich selber aus!« Er darf aber erst beim dritten misslungenen Versuch, die gegnerische Kette zu durchbrechen, gefangen genommen werden. Die Mannschaft mit den meisten Soldaten hat gewonnen.

Wegen seiner Derbheit wurde dieses alte »Kriegsspiel« früher nur von Jungen gespielt.

Festungsspiel

Die Kinder teilen sich in zwei Mannschaften, die »Bürger« und die »Ritter«. Die Ritter laufen im Sturm einen Hügel hinauf, auf dem die Bürger stehen, und versuchen, die Gegner herabzuziehen. Aber auch die Bürger können Gefangene machen. Wessen Gruppe dabei am meisten geschwächt wird, ist Verlierer.

Spiele im Kreis

Bei vielen Gruppenspielen stellen sich die Kinder im Kreis auf. Alle Mitspieler stehen dabei in gleichwertiger Position zueinander und können einander sehen. Durch Abzählen werden Kinder bestimmt, die eine besondere Funktion während des Spiels haben und innerhalb oder außerhalb des Kreises stehen. Sie sind im wahrsten Sinne des Wortes ausgegrenzt oder stehen im Mittelpunkt. Im Verlauf eines Kreisspiels sollten möglichst alle Kinder einmal in die Situation kommen, sich in dieser besonderen Rolle zeigen zu können. Viele dieser Spiele werden im Freien gespielt, weil man Platz zum Rennen braucht. Es gibt aber auch ruhigere darunter, bei denen der Kreis im Verlauf des Spiels nicht aufgebrochen werden muss.

In diesem Kapitel finden sich die wichtigsten Spiele, die im Kreis gespielt werden können und die ohne zusätzliche Materialien ausgeübt werden. Wer nach weiteren Kreisspielen sucht, wird bei den Ball- und Singspielen fündig.

Pauken

Zu diesem Spiel gibt es einige Varianten, die das Durchzählen schwieriger machen: Rückwärtszählen, Zweier-, Dreierschritte usw.

Die Kinder stehen im Kreis, eins befindet sich in der Mitte mit einer leichten Pappröhre in der Hand. Reihum zählen die Kinder durch, bis eines von ihnen nicht schnell genug oder nicht richtig weiterzählt. Es erhält mit der Röhre einen leichten Schlag auf die Schulter – es wird »gepaukt« – und muss ein Pfand geben.

Entlaufenes Pferd

Ein Kind steht in der Kreismitte und klagt mit folgenden Worten, dass ihm sein Pferd entlaufen sei:

»Ich hatt ein schönes weißes Pferd
Das ist mir nun entlaufen.
Es war wohl hundert Taler wert
Und kann kein andres kaufen.
Wohin nur mag mein Pferd wohl fliehn?
Wer sagt es mir, wo läuft es hin?«

Die Kinder im Kreis müssen nacheinander in alphabetischer Reihenfolge eine Stadt nennen, in die das Pferd gelaufen sein könnte. Wer keine Stadt zu dem Buchstaben kennt, muss ein Pfand geben.

Hänschen, piep mal

Einem Mitspieler werden die Augen verbunden, die anderen setzen sich im Kreis auf Stühle. Das Kind mit den verbundenen Augen wird zu einem der sitzenden geführt. Es setzt sich auf dessen Schoß und sagt: »Hänschen, piep mal!« Daraufhin sagt der Sitzende mit verstellter Stimme »Piep«. Wessen Stimme der Blinde als Erstes erkennt, dem werden in der nächsten Runde die Augen verbunden.

Schinkenklopfen

Ein Kind sitzt in der Kreismitte auf einem Stuhl und hält einem Mitspieler, der das Gesicht auf seine Schenkel gelegt hat, die Ohren zu. So kann er nicht sehen und nicht hören, wer aus dem Kreis ihm einen Klaps auf den Hintern gibt. Stehen alle wieder im Kreis, darf der »Geklopfte« raten, wer ihm den Schlag verpasst hat. Rät er falsch, empfängt er den nächsten Klaps, rät er richtig, muss der Klopfer seine Stelle einnehmen.

Die eingemauerte Königstochter

Ein Kind kniet in der Mitte, um das Kind stehen die anderen im Kreis und halten mit einer Hand das Kleid oder die Jacke des Kindes in der Mitte fest. Außen um den Kreis herum läuft ein anderes Kind und sagt:

»Flix, flax, Florian!
Es war einmal eine schöne Königstochter,
die war ganz eingemauert.
Mauer muss man brechen,
Ziegel muss man stechen,
eine Hand ab!«

Mit dem letzten Satz schlägt das Kind, das in der Mitte kniet, auf eine der Hände, die es festhalten. Das Kind, dessen Hand abgeschlagen wurde, geht jetzt mit um den Kreis und sagt zusammen mit dem ersten Kind wiederum den Spruch auf. So wird ein Kind nach dem anderen aus dem Kreis gelöst, bis die eingemauerte Königstochter schließlich befreit ist.

Sind nicht sehr viele Kinder an diesem Spiel beteiligt, nehmen sie beide Hände zu Hilfe und bekommen auch beide abgeschlagen.

Den verlorenen Schatz suchen

In der Mitte des Kreises steht ein Kind, das vorher ausgezählt wurde. Die anderen Kinder stehen um das Kind herum, halten sich an den Händen und laufen von dem Kind abgewandt im Kreis, während es folgendes Gedicht aufsagt oder singt:

»Hier ist ein Grün, hier ist ein Grün
unter meinen Füßen.
Ich hab verloren meinen Schatz,
ich werd ihn suchen müssen.
Hier und da, hier und da,
unter diesen allen
dieser mit dem bunten Rock
könnte mir gefallen.
Dreh dich um, ich kenn dich nicht,
bist du's oder bist du's nicht?
Nein, nein, du bist es nicht,
geh nur fort, ich will dich nicht.«

Es ist, als ob man an einem Glücksrad dreht: Eingetauscht wird, wer vor dem Zeiger zum Stehen kommt.

Nach »gefallen« steht der Kreis still, und alle schauen das Kind in der Mitte an. Nach »geh nur fort, ich will dich nicht« gehen alle wieder im Kreis, und das Spiel beginnt von vorn. Nachdem das Lied ein drittes Mal gesungen wurde, spricht das Kind in der Mitte anstelle der beiden letzten Zeilen:

»Ja, ja, ja, du bist es wohl,
der mich im Kreis ersetzen soll.«

Es verbeugt sich dabei vor dem Kind, das ihm nun gerade gegenübersteht. Dieses Kind aus der Kette nimmt dann den Platz in der Kreismitte ein, während sich das erste aus der Mitte in die Kette einreiht.

Kreiswettlauf

Ähnlich wie beim Spiel »Der Plumpsack geht um« stehen alle Kinder im Kreis mit dem Gesicht zur Kreismitte. Ein Kind geht außen um den Kreis herum, gibt einem der Kinder im Kreisrund einen Schlag auf den Rücken und sagt: »Komm mit!« Daraufhin läuft es sofort los, ebenso wie das geschlagene Kind, das aber in die entgegengesetzte Richtung laufen muss. Wer zuerst die Lücke im Kreis erreicht, stellt sich hinein. Der andere läuft um den Kreis und klopft nach ein paar Runden einem anderen Kind auf den Rücken.

»Komm mit« ist das Grundmuster für viele Kreiswettspiele, in denen Fänger und Läufer den Kreis als Durchschlupf, Sicherheit oder Gefängnis benutzen.

Mutter, verkaufst du dein liebes Kind nicht?

Ein Kreisspiel, das ehedem vor allem von Mädchen gespielt wurde. Alle Mitspieler stellen sich paarweise hintereinander in einem großen Kreis auf. Der hintere Mitspieler ist die Mutter, davor steht das Kind. Ein einzelner Mitspieler läuft außen um den Kreis und bleibt bei einem Paar stehen. Es fragt:

»Mutter, verkaufst du dein liebes Kind nicht?«

Die Mutter antwortet:

»Nein, um tausend Taler nicht.
Lieber geh ich betteln laufen,
als mein liebes Kind verkaufen.
Betteln laufen mag ich nicht,
und mein Kind verkauf ich nicht.«

Darauf laufen beide, die Mutter und der einzelne Mitspieler, in entgegengesetzter Richtung um den Kreis. Wer zuerst wieder beim Kind ist, wird die Mutter, der andere muss weiter um den Kreis gehen und bei einer anderen Mutter mit Kind fragen. In der nächsten Runde tauschen Mutter und Kind die Rollen.

Jakob, wo bist du?

Zwei Mitspielern werden die Augen verbunden; der eine ist der »Jakob«, der andere der »Herr«. Alle anderen Kinder stellen sich in einem großen Kreis um die beiden auf. Nun werden Jakob und der Herr an zwei entgegengesetzte Stellen des Kreises geführt. Der Herr ruft jetzt: »Jakob, wo bist du?«, während er nach ihm sucht. Jakob ruft »hier« und versucht, dem Herrn auszuweichen. Hat der Herr Jakob gefunden, ist ein anderes Spielerpaar an der Reihe.

»Jakob, wo bist du?« ist ein Kreisspiel, bei dem nicht viel getobt wird. Es kann also auch drinnen gespielt werden. Wichtig ist, dass im Lauf des Spiels jedes Kind an die Reihe kommt.

Flaschendrehen

Alle Mitspieler sitzen im Kreis um eine leere Flasche, die auf dem Boden liegt. Ein Mitspieler denkt sich nun eine Aufgabe aus, die derjenige ausführen muss, auf den die Öffnung der Flasche nach dem Drehen zeigt. Solche Aufgaben könnten zum Beispiel sein: Dreimal ums Haus laufen und rufen: »Ich bin ein bisschen verrückt!«, den anderen Mitspielern ein Getränk aus dem Kühlschrank holen, so schnell wie möglich in den Keller und wieder hoch laufen usw. Nachdem die Aufgabe gestellt ist, dreht der Mitspieler die liegende Flasche mit Schwung, und alle warten gespannt, auf wen die Flasche zeigt, wenn sie stehen bleibt. Dieser Mitspieler muss nun die Aufgabe erfüllen und darf die nächste stellen, bevor er die Flasche dreht.

Stille Post

Alle Kinder sitzen oder stehen im Kreis. Nun flüstert ein Kind seinem Nachbarn eine kurze Botschaft ins Ohr. Der wiederum gibt sie an den Nächsten weiter usw. Das letzte Kind sagt schließlich laut, was sein Nachbar ihm ins Ohr geflüstert hat – und das ist meist etwas ganz anderes als die ursprüngliche Botschaft.

Schokoladenessen

Alle Mitspieler sitzen um einen Tisch, in dessen Mitte liegen Mütze, Schal, Handschuhe, Messer und Gabel und eine Tafel Schokolade, die dick in Zeitungspapier gewickelt und gut verschnürt ist. Nun wird der Reihe nach gewürfelt. Wer eine Sechs würfelt, zieht Mütze und Handschuhe an, wirft sich den Schal um, nimmt Messer und Gabel zur Hand und versucht, die Schokolade auszupacken. In der Zwischenzeit würfeln die anderen weiter. Hat ein anderer eine Sechs gewürfelt, schreit er laut »stopp«, nimmt seinem Mitspieler Mütze, Handschuhe, Schal und Besteck ab und darf weitermachen. Das Spiel endet, wenn die Schokolade aufgegessen ist.

Schokoladenessen – dieses Spiel sollte bei keinem Kindergeburtstag fehlen. Den Kindern macht es viel Spaß, sich, angetan mit Mütze, Schal und Handschuhen, mit der Schokolade abzumühen. Und das Zuschauen ist genauso lustig.

Antäuschen

Alle Kinder stehen in einem großen Kreis und haben die Hände hinter dem Rücken verschränkt. In der Mitte des Kreises hat ein Mitspieler einen Ball oder ein Kissen in der Hand. Er dreht sich langsam um sich selbst und schaut ein Kind nach dem anderen an. Manchmal tut er so, als würde er den Ball einem Kind zuwerfen. Zuckt dieses Kind, dann werden die Rollen getauscht. Wirft er den Ball tatsächlich und das Kind kann ihn nicht fangen, werden die Rollen ebenfalls getauscht.

Lieder Reigen Tanz

Gemeinsames Singen war sowohl in den Schulen wie auch in der Freizeit noch vor wenigen Generationen zwar nicht mehr an der Tagesordnung, aber doch nicht unüblich. Eine Fülle von Liedgut hat sich so bis in die heutige Zeit erhalten und läuft erst seit Mitte des vorigen Jahrhunderts Gefahr, verdrängt und vergessen zu werden. Die Bandbreite der Aufführungsvarianten reichte vom einfachen gesungenen Lied bis hin zu schwierigen Darstellungen.

Häschen in der Grube

Ein vor allem bei kleinen Kindern beliebtes Sing- und Bewegungsspiel. Alle Kinder kauern sich nieder um ein Kind, das in der Mitte hockt und sich die Augen zuhält. Bei »Häschen hüpf!«, springt das Kind in der Mitte auf und verfolgt die Fliehenden. Das Kind, das es erwischt, ist anschließend das Häschen in der Mitte.

Lieder waren nicht nur für Kinder, sondern auch für die Erwachsenen da. Sie wurden einzeln oder in Gruppen gesungen, oft während der Arbeit.

Im Märzen der Bauer

Die Bäurin, die Mägde, sie dürfen nicht ruhn,
sie haben im Haus und im Garten zu tun.
Sie graben und rechen und singen ein Lied,
sie freun sich, wenn alles schön grünet und blüht.

So geht unter Arbeit das Frühjahr vorbei,
da erntet der Bauer das duftende Heu.
Er mäht das Getreide, dann drischt er es aus,
im Winter, da gibt es manch fröhlichen Schmaus.

Alle Vögel sind schon da

Dieses altüberlieferte Frühlingslied kann von größeren Kindergruppen im Kanon gesungen werden. Jeweils nach einer Notenzeile setzt die nächste Gruppe ein.

Im alten Liedgut finden sich Lieder für jede Jahreszeit. Die meisten Lieder handeln dabei vom Frühling.

Wie sie alle lustig sind,
flink und froh sich regen.
Amsel, Drossel, Fink und Star
und die ganze Vogelschar
wünschen uns ein frohes Jahr,
lauter Heil und Segen.

Was sie uns verkünden nun,
nehmen wir zu Herzen:
Wir auch wollen lustig sein,
lustig wie die Vögelein,
hier und dort, feldaus, feldein,
singen, springen, scherzen.

Ringlein, Ringlein, du musst wandern

Bei diesem Spiel sitzen oder stehen alle Kinder im Kreis eng nebeneinander. Ein Kind steht in der Mitte des Kreises. Die Kinder im Kreis haben die Hände hinter dem Rücken, und während sie das Lied singen, geben sie unauffällig einen Ring weiter, ohne dass es das Kind in der Kreismitte sehen soll. Dieses versucht herauszubekommen, in wessen Hand sich das Ringlein gerade befindet. Errät es den Richtigen, so muss der in die Kreismitte und das Ringlein suchen.

Hat man einen Ring zur Verfügung, kann er auch an einem Faden, der um den Kreis gespannt wird, herumgereicht werden.

In einer Variante hat das Kind in der Mitte den Ring zwischen seinen Händen und versucht ihn unauffällig an ein Kind aus dem Kreis weiterzugeben. Ein Beobachter muss raten, welchem.

Grün sind alle meine Kleider

Blau, blau, blau sind alle meine Kleider.
Blau, blau, blau ist alles was ich hab.
Darum lieb ich alles was so blau ist,
weil mein Schatz ein Seefahrer ist.

Schwarz, schwarz, schwarz sind alle meine Kleider.
Schwarz, schwarz, schwarz ist alles was ich hab.
Darum lieb ich alles was so schwarz ist,
weil mein Schatz ein Schornsteinfeger ist.

Weiß, weiß, weiß sind alle meine Kleider.
Weiß, weiß, weiß ist alles was ich hab.
Darum lieb ich alles was so weiß ist,
weil mein Schatz ein Bäcker, Bäcker ist.

Bunt, bunt, bunt sind alle meine Kleider.
Bunt, bunt, bunt ist alles was ich hab.
Darum lieb ich alles was so bunt ist,
weil mein Schatz ein Maler, Maler ist.

Die Kinder stehen im Kreis und treten nacheinander in die Kreismitte. Bei jedem Kind, das in der Kreismitte steht, wird eine Strophe gesungen, die zur Kleiderfarbe passt. Für jede Farbe wird ein anderer – typischer – Beruf ausgedacht.

Dornröschen

In der Mitte eines kleinen Kreises aus Hofgesinde sitzt ein Mädchen, das durch Abzählen zum Dornröschen bestimmt wurde. Ein weiterer größerer Kreis steht um den kleinen Kreis, und außerhalb dieses großen Kreises stehen Fee und Königssohn.

Während die erste Strophe gesungen wird, halten sich die Kinder an den Händen und laufen in entgegengesetzter Richtung im Kreis.

Dornröschen nimm dich ja in Acht vor einer bösen Fee,
Dornröschen nimm dich ja in Acht, ja in Acht.

Während der zweiten Strophe erheben alle Kinder mahnend den Finger zu Dornröschen.

Da kam die böse Fee herein, Fee herein,
Fee herein, da kam die böse Fee herein und sprach zu ihr.

Die böse Fee durchbricht beide Kreise und stellt sich zu Dornröschen.

Dornröschen schlafe hundert Jahr, hundert Jahr, hundert Jahr,
Dornröschen schlafe hundert Jahr und alle mit.

Die Fee breitet die Hände über Dornröschen und das Hofgesinde, die zu Boden sinken und einschlafen.

Und eine Hecke riesengroß, riesengroß, riesengroß,
und eine Hecke riesengroß wuchs um das Schloss.

Die Kinder des äußeren Kreises rücken näher, heben die Arme und stellen das Wachsen der Hecke dar.

Da kam ein junger Königssohn, Königssohn, Königssohn,
da kam ein junger Königssohn und sprach zu ihr.

Der Königssohn durchbricht die Hecke und dringt bis zu Dornröschen vor.

Dornröschen wache wieder auf, wieder auf, wieder auf,
Dornröschen wache wieder auf und alle mit.

Der Königssohn singt allein die siebte Strophe. Dornröschen und das Hofgesinde erwachen und stehen auf.

Sie feierten ein großes Fest, großes Fest, großes Fest,
sie feierten ein großes Fest, das Hochzeitsfest.
Und ihr seid alle Hochzeitsgäst, Hochzeitsgäst, Hochzeitsgäst,
und ihr seid alle Hochzeitsgäst, Hochzeitsgäst.

Der Königssohn und Dornröschen reihen sich in den Kreis des Hofgesindes ein. Beide Kreise tanzen nun wieder in Gegenrichtung rundherum.

Schwesterchen, komm tanz mit mir

Alle Kinder stehen sich in zwei Reihen gegenüber. Sie beginnen das Lied zu singen, gehen aufeinander zu und fassen sich paarweise an den Händen. Im Rhythmus des Lieds schwingen sie nun hin und her, schließlich lassen sie bei »rundherum, das ist nicht schwer« die Hände los und drehen sich einmal um sich selbst, bevor sie sich zur nächsten Strophe wieder die Hände reichen.

Ei, das hast du schön gemacht,
ei, das hätt ich nicht gedacht.
Einmal hin, einmal her,
rundherum, das ist nicht schwer.

Noch einmal das schöne Spiel,
weil es mir so gut gefiel.
Einmal hin, einmal her,
rundherum, das ist nicht schwer.

Zeigt her eure Füße

Die Kinder stehen im Kreis, stützen die Hände in die Hüften und stellen im Rhythmus der Melodie abwechselnd den linken und den rechten Fuß vor. Bei »sie waschen« usw. stellen die Kinder die jeweiligen Tätigkeiten dar.

Der Refrain bleibt bei jeder Strophe gleich, im zweiten Teil der Strophe heißt es:

2. … sie spülen …

3. … sie winden …

4. … sie hängen …

5. … sie legen …

6. … sie bügeln …

7. … sie ruhen …

8. … sie tanzen …

Spannenlanger Hansel

Jeweils zu zweit stehen die Kinder beieinander und spielen nach, was sie im Lied singen.

An diesem Singspiel hatten schon viele Generationen ihre Freude.

2. Lauf doch nicht so närrisch,
spannenlanger Hans,
ich verlier' die Birnen
und die Schuh' noch ganz!
Trägst ja nur die kleinen,
nudeldicke Dirn,
und ich schlepp' den schweren Sack
mit den großen Birn'!

Petersilien Suppenkraut

Im Takt des Lieds geht ein Mädchen am Kreis, den die anderen Mitspieler gebildet haben, entlang und pflückt pantomimisch Petersilie. Bei der Stelle »und was dann« tritt ein Junge aus dem Kreis und verbeugt sich vor dem Mädchen.

Es tanzt ein Bi-Ba-Butzemann

Der Bi-Ba-Butzemann tanzt mit einem Säckchen (z. B. ein verknotetes Tuch) um die anderen Kinder, die sich im Kreis aufgestellt haben. Wenn es im Lied heißt, »er rüttelt sich, er schüttelt sich«, spielt der Butzemann dies nach, und das Kind, vor dem er das Säckchen abwirft, ist der nächste Bi-Ba-Butzemann. Der Erwachsene, der das Spiel leitet, sollte darauf achten, dass jedes Kind einmal an die Reihe kommt.

Gefangen ist das Vögelein

Vögelein: 2. Oh, bitte schön, oh, bitte schön,
lasst mich doch endlich raus!

Alle: 3. Wir können nicht, wir können nicht,
fliegt nur zum Schornstein raus!

Tanz- und Singspiele fördern die Motorik und das Koordinationsvermögen und schulen ganz nebenbei das Gedächtnis.

Die Kinder gehen im Kreis und fassen sich dabei an den Händen. Im Kreis hüpft das »Vögelein«, das vor Spielbeginn durch Abzählen bestimmt wurde, in entgegengesetzter Richtung. Während das Vögelein den zweiten Vers singt, bleiben alle stehen. Beim dritten Vers schlüpft das Vögelein unter den Händen von zwei Kindern aus dem Kreis, und das Spiel beginnt von neuem mit einem anderen Kind als Vögelein.

Spiele im Haus

Nicht immer kann schönes Wetter sein, und nicht immer können und wollen Kinder im Freien herumtollen. Spiele im Haus sind meist Spiele, die leiser vonstatten gehen, aber deshalb nicht weniger interessant sind. Auch drinnen lässt sich kindlicher Bewegungsdrang ausleben, können Geschicklichkeit geübt, Dinge versteckt und Rätselspiele gelöst werden. Diese Spiele sind also keine Notlösung für Regentage, sondern ideale Ergänzungen zu den Spielen draußen. Es gilt das gleiche Prinzip wie bei allen Spielen bisher. Mit möglichst wenigen, allgemein verfügbaren Materialien soll ein Maximum an Spaß und Ausdauer erzielt werden.

Fliegende Steine

Bei diesem Spiel zeigen die Spieler, wie geschickt sie mit Kieselsteinen umgehen können. Die Steine sollten keine scharfen Kanten haben und so groß sein, dass sie bequem in der Hand des Spielers Platz haben. Gespielt wird auf einer glatten Tischfläche, die nicht stoß- und kratzempfindlich sein darf.

Nun beginnt das Spiel relativ einfach: Von den fünf auf dem Tisch liegenden Steinen wird einer hochgeworfen, ein weiterer aufgenommen und der herunterfallende erste jeweils mit derselben Hand wieder aufgefangen. Das wiederholt der Spieler so lange, bis er alle fünf Steine in der Hand hält. Fängt er den hochgeworfenen Stein nicht, ist der nächste Spieler dran.

Schwieriger wird es, wenn statt eines Steins zwei, drei oder alle restlichen vier aufgenommen werden müssen, während der erste Stein in der Luft ist.

Man beginnt das Spiel mit der besseren Fanghand. Als Erschwernis kann auf die andere gewechselt werden.

Nun müssen die Steine wieder je einzeln, zu zweien, drei und einer oder alle vier niedergelegt werden, während ein Stein hochgeworfen und wieder aufgefangen wird.

Ist das Fangen des hochgeworfenen Steins mit der Handfläche kein Problem mehr, muss versucht werden, den Stein auf den Handrücken fallen zu lassen, ohne dass er auf die Tischfläche fällt.

Das Spiel wird schwieriger: Jetzt werden zwei Steine hochgeworfen, und bevor sie wieder aufgefangen werden, wird je ein weiterer Stein in die Hand genommen. Auch in dieser Spielrunde werden danach immer mehr Steine gleichzeitig aufgenommen, bevor die beiden hochgeworfenen Steine wieder aufgefangen werden müssen. Sind alle fünf Steine in der Hand des Spielers, werden sie nacheinander wieder abgelegt.

Als Letztes werden gemeinsam drei, dann vier und schließlich alle fünf Steine auf einmal hochgeworfen und wieder aufgefangen.

Alle Vögel fliegen hoch

Alle Kinder sind am Tisch versammelt und legen die Hände flach auf die Tischplatte. Nun wird ein Kind als Ausrufer bestimmt. Der Ausrufer sagt laut: »Alle Vögel fliegen hoch« und streckt die Hände in die Höhe. Die anderen Kinder strecken ebenfalls schnell die Hände hoch, denn wer sie zuletzt hochstreckt, wird ausgelacht. Nun ruft der Ausrufer erneut, etwa: »Alle Amseln fliegen hoch« oder »Alle Mücken fliegen hoch«, aber auch »Alle Ameisen fliegen hoch« oder »Alle Elefanten fliegen hoch« und streckt jedes Mal die Hände in die Höhe. Die anderen Kinder dürfen jedoch die Hände nur dann hochstrecken, wenn etwas wirklich fliegen kann. Das Kind, das bei einem falschen Tier oder Gegenstand die Hände hochstreckt, muss ein Pfand geben. Am Schluss des Spiels werden die Pfänder durch Gedichtaufsagen oder Singen ausgelöst.

Wattepusten

Alle Kinder sitzen am Tisch, in dessen Mitte ein Stückchen Watte liegt. Vorsichtig wird nun die Watte über die Tischplatte gepustet. Jeder Mitspieler versucht, sie von sich wegzupusten, denn sie darf nicht in seinem Bereich vom Tisch fallen. Die Hände dürfen bei diesem Spiel nicht zu Hilfe genommen werden. Bei wem der Wattebausch dennoch vom Tisch fällt, der muss ein Pfand geben, das am Ende des Spiels ausgelöst wird. Spielen zwei Mannschaften gegeneinander, zählt man Tore.

Lirum, larum, Löffelstiel

Ein Kochlöffel wird mit den Worten »Lirum, larum, Löffelstiel, wer das nicht kann, der kann nicht viel!« von einem Kind zum anderen weitergereicht. Während der Spruch aufgesagt wird, klopft das erste Kind mit dem Löffel bei jeder Silbe auf den Tisch. Der folgende Mitspieler muss nun versuchen, genau auf dieselbe Art den Löffel weiterzugeben. Dabei wird er jedoch wahrscheinlich ein als überflüssig oder unwesentlich betrachtetes Detail vergessen, etwa, dass der Löffel mit der linken Hand oder mit bestimmten Fingern gehalten werden muss, dass die Höhlung nach unten zeigt oder Ähnliches. Ist der Löffel wieder am Ausgangspunkt angelangt, gibt der erste Mitspieler das »Geheimnis« bekannt.

Hausnummer würfeln

Gewürfelt wird reihum, und jeder Spieler hat drei Würfe mit einem Würfel. Er muss versuchen, eine so große dreistellige Zahl wie möglich zu würfeln und darf dabei nach jedem Wurf bestimmen, ob die Zahl an der Einer-, an der Zehner- oder an der Hunderterstelle gezählt werden soll. Zum Beispiel: Der erste Wurf ergibt eine 2, die an der letzten, also der Einerstelle stehen soll. Der zweite Wurf ist eine 4, die an die Hunderterstelle gesetzt werden soll, und so ergibt sich automatisch, dass der dritte Wurf die Zehnerstelle abdeckt, zum Beispiel mit einer 3. Die Hausnummer lautet demnach 432 und ist – Glück für den Spieler – die höchstmögliche mit den geworfenen Zahlen. Der Spieler mit der höchsten Hausnummer hat gewonnen und darf nun beim Würfeln um eine vierstellige Hausnummer beginnen.

Für Würfelspiele braucht man meist mehrere Würfel, einen Würfelbecher, Papier und Stift zum Notieren.

Steinerne Brücke

Zwei Kinder stehen einander gegenüber. Eins davon ist der Teufel, das andere der Engel. Die übrigen Mitspieler wissen nicht, wer der Teufel und wer der Engel ist. Die beiden Kinder fassen sich nun an den Händen, und unter ihren ausgestreckten Armen, der Brücke, laufen die anderen Kinder hindurch. Die beiden Kinder singen oder sagen:

»Steinerei, Steinerei!
Geht durch die steinerne Brücke,
sie ist entzwei.
Wir wollen sie gern flicken.
Mit was? Mit Gras,
mit Steinerlein, mit Beinerlein.
Der Erste kommt, der Zweite kommt …
(je nach Anzahl der Kinder)
Der Letzte muss gefangen sein!«

Ein bisschen Platz ist für dieses Fangspiel nötig, aber gerannt wird nicht.

Das letzte Kind, das unter der Brücke durchläuft, wird gefangen, indem Engel und Teufel die Arme herabsinken lassen und es so festhalten. Nun wird es gefragt, zu wem es will, und es stellt sich entweder hinter den Teufel oder hinter den Engel.

Nun beginnt der Marsch durch die Brücke erneut, so lange, bis alle Kinder hinter dem Teufel oder hinter dem Engel versammelt sind. Die hinter dem Engel versammelten Kinder kommen in den Himmel. Sie werden einzeln auf den Armen von Engel und Teufel gewiegt, die dabei sagen: »Pantiffel, Pantoffel, der Himmel ist offen, die Hölle ist zu, ein Engel bist du.« Die hinter dem Teufel stehenden Kinder kommen in die Hölle. Sie werden zwischen Engel und Teufel hin- und hergeschubst, wobei gesprochen wird: »Pantiffel, Pantoffel, die Hölle ist offen, der Himmel ist zu, ein Teufel bist du.«

Heiß und kalt

Eines der Kinder, das durch Abzählen bestimmt wird, verlässt den Raum. Die anderen verstecken nun einen beliebigen Gegenstand im Zimmer. Das Kind wird wieder hereingerufen und muss diesen Gegenstand jetzt suchen. Dabei helfen ihm die anderen, indem sie je nach Entfernung des Kindes zum Versteck »heiß« oder »kalt« mit allen möglichen Zwischenstufen, etwa »lauwarm«, »eiskalt« usw., rufen.

Statt zu rufen, können die Kinder auch gemeinsam einen Summton von sich geben, der desto höher wird, je näher der Sucher dem Versteck kommt.

Topfschlagen

Durch Auszählen wird ein Mitspieler bestimmt, der den Raum verlassen und warten muss, bis die anderen einen Gegenstand unter einem umgedrehten Topf versteckt haben. Nun werden dem vor der Tür wartenden Mitspieler die Augen verbunden, er bekommt einen Stock, am besten einen Kochlöffel, in die Hand und wird ins Zimmer geführt. Vorsichtig mit dem Kochlöffel schlagend, tastet er sich nun auf allen vieren durchs Zimmer. Die Mitspieler versuchen, ihn mit Kommentaren abzulenken und in die Irre zu führen, und müssen vor seinem Löffelschlag ausweichen. Gespielt wird so lange, bis der Sucher den Topf gefunden hat bzw. mit dem Kochlöffel darauf schlägt. Als Belohnung erhält er das, was sich unter dem Topf verbirgt.

Beliebte Spiele bei Kindergeburtstagen sind mit Gewinnen verbunden. Jeder bekommt einen Preis, wenn er an der Reihe ist mit Suchen.

Ich sehe was, was du nicht siehst

Alle Kinder sitzen in einem Raum und schauen sich ausgiebig um. Nun wird eines der Kinder bestimmt, das beginnen darf. Es sagt: »Ich sehe was, was du nicht siehst, und das ist rot.« Statt »rot« kann eine andere Eigenschaft des Gegenstands genannt werden. Nun müssen alle anderen raten, um was es sich handelt. Wer den richtigen Gegenstand als Erster erraten hat, darf weitermachen und einen Gegenstand im Zimmer auswählen, den die anderen erraten müssen.

Vier Ecken raten

Mindestens vier Kinder zählen untereinander aus, wer den Raum verlassen muss. Unter den anderen Kindern werden die Ecken des Raums verteilt, es kann aber genauso gut sein, dass auch der Hinausgeschickte für eine Ecke »verantwortlich« ist. Sind alle vier Ecken vier oder mehr Kindern zugeordnet, darf der Mitspieler wieder hereinkommen. Dann wird er gefragt, während man auf die erste Ecke deutet: »Was soll diese Ecke tun?« Draußen vor der Tür hat sich der Mitspieler ein paar Aufgaben ausgedacht, und nun antwortet er beispielsweise: »Dreimal ums Haus laufen«, »rückwärts von 100 bis 0 zählen« oder Ähnliches. Alle Kinder, denen die Ecke zugeteilt wurde, müssen nun die Aufgabe ausführen. Dabei kann es sein, dass der Aufgabensteller selbst eine seiner Aufgaben ausführen muss! Sind alle Ecken abgefragt, wird der Nächste hinausgeschickt.

Da bei »Ecken raten« der Aufgabensteller auch etwas tun muss, wählt er meistens Aufgaben, die er selbst gut erfüllen kann.

Krötenfuß

Alle Mitspieler sitzen am Tisch und haben einen Stift und ein Blatt Papier vor sich liegen. Einer nach dem anderen sagt nun den Spruch: »Kri-, Kra-, Krötenfuß, die Gänse laufen barfuß.« Während es den Spruch aufsagt, versucht das Kind gleichzeitig, einen achtzackigen Stern zu zeichnen. Das ist gar nicht so einfach und gelingt meist erst nach einigen Anläufen. Wer es geschafft hat, darf sich auf seinen Lorbeeren ausruhen und zuschauen, wie sich die anderen noch abmühen.

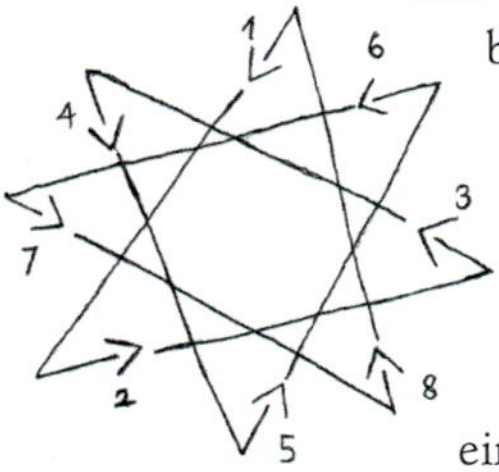

Die Reise nach Jerusalem

Je mehr Kinder bei diesem Spiel mitmachen, desto spannender wird es. Eine Anzahl Stühle wird in einer Reihe aufgestellt, und zwar ein Stuhl weniger als die Anzahl der Mitspieler. Zu einem Lied laufen nun alle Kinder in einem Kreis um die Stuhlreihe herum. Stoppt die Musik abrupt, müssen sich alle blitzschnell auf einen Stuhl setzen. Das Kind, das keinen Sitzplatz ergattert, scheidet aus. Wenn nun die Musik wieder einsetzt und alle Kinder loslaufen, wird ein Stuhl aus der Reihe genommen, so dass wieder ein Sitzplatz fehlt. Gewinner ist, wer den allerletzten Sitzplatz für sich erobert.

Mehlschneiden

Eine große Tasse wird mit Mehl gefüllt. Das Mehl muss ganz fest hineingedrückt werden. Stürzt man die Tasse anschließend auf einen flachen, großen Teller, erhält man einen kleinen Mehlkuchen. Auf dessen Spitze wird senkrecht ein kleiner Ring gesteckt. Nun müssen die Kinder reihum mit einem Messer, das immer weitergereicht wird, Stück für Stück von diesem Mehlkuchen abschneiden. Fällt der Ring herunter, muss das Kind, dem das Missgeschick passiert ist, versuchen, den Ring mit den Lippen aufzuheben. Dabei tun die anderen Mitspieler alles, um den Unglücklichen zum Lachen zu bringen, so dass er in das Mehl pustet und über und über voll Mehlstaub ist.

Münzenschnippen

Jeder der beiden Mitspieler, die sich an einem Tisch mit glatter Oberfläche gegenübersitzen, hat mehrere Münzen. Mit zwei Münzen markiert jeder ein Tor vor sich an der Tischkante. Durch Abzählen wird bestimmt, wer beginnen darf. Der Erste wirft drei seiner Münzen vor dem eigenen Tor so in die Luft, dass sie auf dem Tisch zu liegen kommen. Nun muss er versuchen, eine seiner drei Münzen mit dem Finger ins gegnerische Tor zu schnippen. Trifft er das Tor nicht oder liegen die Münzen so ungünstig, dass er nicht schnippen kann, nimmt er seine Münzen wieder vom Tisch und der andere ist an der Reihe. Trifft er ins Tor, muss der andere eine Münze hergeben.

Wer ist der geschickteste Münzenschnipper?

Blinde Maler

Alle Mitspieler sitzen um einen Tisch und haben ein Blatt Papier und einen Stift vor sich liegen. Dann verbindet sich jeder die Augen mit einem Tuch oder schließt die Augen und legt den Kopf in den Nacken. Alle sollen jetzt blind eine Kuh, ein Schwein, einen Esel oder etwas anderes zeichnen. Erst wenn die Figur fertig ist, darf geschaut werden. Schließlich zeigt jeder das Ergebnis seiner blinden Zeichenkünste, und alle zusammen entscheiden, wer der beste blinde Maler ist.

Würfeltiere

Die sechs Zahlen eines Würfels stehen bei diesem beliebten Spiel für verschiedene Körperteile: Die 1 für den Kopf, die 2 für ein Ohr, die 3 für den Rumpf, die 4 und die 5 für je ein Bein und die 6 schließlich für den Schwanz. Dann wird festgelegt, wie viele Tiere gezeichnet werden dürfen. Gewürfelt wird reihum, und je nach gewürfelter Zahl darf der Mitspieler auf ein Blatt Papier das entsprechende Körperteil zeichnen. Jedes Tier hat einen Kopf, zwei Ohren, einen Körper, einen Schwanz und vier Beine. Gewinner ist, wer seine Tiere als Erster fertig hat.

»Blinde Maler« kann ein Kind auch für sich allein spielen und sich an den witzigen Figuren, die dabei herauskommen, erfreuen.

Streichhölzer stapeln

Jeder Mitspieler bekommt etwa 20 Streichhölzer, eine Streichholzschachtel wird mit der Schmalseite auf den Tisch gestellt. Reihum darf nun jeder ein bis drei Streichhölzer seines Stapels auf die Streichholzschachtel legen. Die Streichhölzer müssen vorsichtig und überlegt gestapelt werden, denn das Kind, bei dem sie herunterfallen, muss alle Streichhölzer zu sich nehmen. Sieger ist, wer als Erster alle seine Streichhölzer ablegen konnte.

Hölzchen auswürfeln

Auf einem Tisch liegen viele Streichhölzer, Zahnstocher oder andere Holzstückchen. Die Mitspieler würfeln nun reihum, und jeder darf entsprechend der gewürfelten Augenzahl Hölzchen an sich nehmen. Wenn nur noch sechs Hölzchen oder weniger auf dem Tisch liegen, müssen sie mit einem Wurf ausgewürfelt werden. Wenn beispielsweise nur noch drei Streichhölzer in der Mitte liegen, bekommt sie der Mitspieler, der eine Drei würfelt. Am Schluss wird gemeinsam gezählt, wer die meisten Streichhölzer hat.

Ringwerfen

In mehrere Streichholzschachteln wird jeweils ein Hölzchen so festgesteckt, dass es senkrecht herausragt. Die Schachteln werden auf dem Tisch oder Boden aufgestellt, und von einer Wurflinie aus versuchen die Mitspieler nacheinander, einen Gummiring über ein Hölzchen zu werfen. Jeder Mitspieler hat Gummiringe in einer bestimmten Farbe, damit zum Schluss festgestellt werden kann, wer wie viele Treffer gelandet hat.

Kniereiter, Ulkgeschichten und Abzählreime

Wie der Name schon verrät, werden – einem uralten Brauch gemäß – dem Kind Kniereiter vorgesagt, während es »auf den Knien«, also vorn auf den Oberschenkeln, sitzt. Das Auf- und Abhüpfen der Beine vereint mit den lustigen Texten lenkt von manchem Schmerz ab und heitert im Handumdrehen auf.

Auch Ulkgeschichten haben eine lange Tradition. Im Kinderalltag fördern sie schon seit Jahrhunderten spielerisch das Zuhören, Verstehen und Formulieren, sie richten das Augenmerk auf das Ungewöhnliche und regen dazu an, das Selbstverständliche bewusst wahrzunehmen. Abzählreime – ja Kinderreime überhaupt – sind eine einfache Form der Volkspoesie und wurden jahrhundertelang mündlich überliefert. Respektlos und fantasievoll befassen sich diese Verse mit dem Alltagsgeschehen und mit Autoritäten. Als Abzählreim aufgesagt, sind sie ein festes und durch immer neue Variationen spannend gehaltenes Ritual vor den verschiedensten Kinderspielen.

Kniereiter

Kniereiterverse sind für die Kleinsten gedacht. Aber auch größere Kinder lassen sich gerne noch auf den Schoß nehmen.

So fahren die Damen,
so fahren die Damen. — Langsames Hin- und Herwiegen
So reiten die Herren,
so reiten die Herren. — Sanftes Auf und Ab
So juckelt der Bauer,
so juckelt der Bauer. — Hoppelndes, ruppiges Auf und Nieder

Hopp, hopp, hopp,
Pferdchen lauf Galopp.
Über Stock und über Steine,
aber brich dir nicht die Beine.
Hopp, hopp, hopp, hopp, hopp,
Pferdchen lauf Galopp.

Das Kind wird im Takt des Verses erst sanft, dann immer stärker auf und nieder geritten.

Hopp hopp hopp zu Pferde,
wir reiten um die Erde.
Die Sonne reitet hinterdrein,
wie wird sie abends müde sein.
Hopp hopp hopp.

Mit sanftem Reiten beginnen und im Verlauf des Reims stärker werden.

Hoppe, hoppe Reiter,
wenn er fällt, dann schreit er.
Fällt er in den Graben,
fressen ihn die Raben.
Fällt er in die Hecken,
fressen ihn die Schnecken.
Fällt er in den Sumpf,
macht der Reiter plumps!

Mit sanftem Reiten beginnen und immer stärker werden. Bei »plumps« plötzlich die Knie öffnen und das Kind, das nach hinten fällt, mit den Armen auffangen.

Ist ein Mann in Brunnen g'falln,
hab ihn hören plumpsen,
hätt ich ihn nicht rausgeholt,
wäre er ertrunken.

Sanftes Reiten; bei »plumpsen«
Knie öffnen und Kind auffangen,
langsam wieder heraufholen und wieder auf die Knie setzen.

Fährt das Schifflein übern See,
wackelt's hin und wackelt's her.
Kommt ein starker Sturm,
wirft das Schifflein um!

Mit den Knien abwechselnd hoch und runter, das Kind schaukelt dabei hin und her.

Was?

Wenn's regnet, wird's nass,
wenn's schneit, wird's weiß,
wenn's friert, gibt's Eis,
wenn's taut, wird's grün,
werden alle kleinen Jungfern schön.

Lügengeschichten

Ich will euch erzählen und will nicht lügen:
Ich sah drei gebratene Hühner fliegen.
Sie flogen alle sehr schnelle,
sie hatten die Bäuche gen Himmel gekehrt,
den Rücken nach der Hölle.

Ein Amboss und ein Mühlenstein,
die schwammen zusammen über den Rhein.
Sie schwammen also leise.
Da fraß ein Frosch einen glühenden Pflug,
zu Pfingsten auf dem Eise.

Es wollten drei Kerls einen Hasen fangen,
sie kamen auf Krücken und Stelzen gegangen.
Der eine konnt nicht hören,
der andre war blind, der Dritte stumm,
der Vierte konnt sich nicht rühren.

Nun will ich euch sagen wie es geschah:
Der Blinde zuerst den Hasen sah
im Feld geschwind hertraben.
Der Stumme rief dem Lahmen zu,
der fasst ihn schon beim Kragen.

Es segelten etliche über Land,
die Segel hatten sie in den Wind gespannt
und segelten auf den Feldern.
Sie segelten auf einen hohen Berg,
da ertranken sie all in den Wäldern.

Dunkel war's, der Mond schien helle,
Schnee lag auf der grünen Flur,
als ein Wagen blitzeschnelle
langsam um die Ecke fuhr.
Drinnen saßen stehend Leute,
schweigend ins Gespräch vertieft,
als ein totgeschossner Hase
auf der Sandbank Schlittschuh lief.

Meine Mu, meine Mu, meine Mutter schickt mich her,
ob der Ku, ob der Ku, ob der Kuchen fertig wär.
Wenn er no, wenn er no, wenn er noch nicht fertig wär,
käm ich mo, käm ich mo, käm ich morgen wieder her.

Bei den Abzählreimen wird mit jeder Silbe reihum auf einen anderen Mitspieler gedeutet. Der zuletzt Gedeutete ist dran.

Verkehrte Welt

Des Abends, wenn ich früh aufsteh,
des Morgens, wenn ich zu Bette geh,
dann krähen die Hühner, dann gackert der Hahn,
dann fängt das Korn zu dreschen an.
Die Magd, die steckt den Ofen ins Feuer,
die Frau, die schlägt drei Suppen in die Eier,
der Knecht, der kehrt mit der Stube den Besen,
da sitzen die Erbsen, die Kinder zu lesen.
O weh, wie sind mir die Stiefel geschwollen,
dass sie nicht in die Beine rein wollen!
Nimm drei Pfund Stiefel und schmiere das Fett,
dann stell mir vor die Stiefel das Bett.

Abzählreime

Eine kleine Dickmadam,
fuhr mit der Eisenbahn.
Eisenbahn, die krachte,
Dickmadam, die lachte.
Eins, zwei, drei,
du bist frei.

Abzählreime dienen meistens dem Auszählen eines Mitspielers. Sie gehen den eigentlichen Spielen voran.

Ene, mene, miste,
es rappelt in der Kiste.
Ene, mene, meck,
und du bist weg.

Ene, mene, ditsche, datsche,
ene in die Fresse klatsche,
ene noch dazu,
und raus bist du.

Eins, zwei, drei,
Butter in den Brei,
Salz auf den Speck,
und du bist weg.

Eins, zwei, drei, vier, fünf, sechs, sieben
ein Tiroler hat geschrieben:
Liebe Mutter, sei so gut,
schick mir 'nen Tirolerhut,
nicht zu groß und nicht zu klein,
denn er soll zur Hochzeit sein.
Eins, zwei, drei – du bist frei!

Unter Abzählreimen findet man starke regionale Ausprägungen (Mundart), freche Sprüche und soziale Bezüge wieder, die Aufschluss geben über die Zeit, in der sie entstanden sind.

Ene, mene, subtrahene,
divi, davi, domino,
ebbe, bebbe, bembio,
bio, bio, buff.
Eck, Speck, Dreck,
und du bist weg.

Ene, mene, mu,
und raus bist du.
Raus bist du noch lange nicht,
sag mir erst, wie alt du bist.

Ich und du,
Müllers Kuh,
Müllers Esel,
der bist du.

Automobil,
fahr nicht so viel,
Benzin ist knapp,
und du bist ab.

Eins, zwei, drei, vier, fünf, sechs, sieben,
eine alte Frau kocht Rüben,
eine alte Frau kocht Speck,
und du bist weg.

Ene, mene, Rätsel,
wer bäckt die Brezel,
wer bäckt den Kuchen,
der muss suchen.

Ene, mene, Tintenfass,
geh zur Schul und lerne was.
Wenn du was gelernet hast,
komm nach Haus und sag mir was.
Eins, zwei, drei,
und du bist frei.

Verlängerung beim Abzählen: »Raus bist du noch lange nicht, sag mir erst, wie alt du bist!«

Auf einem Gummi-Gummi-Berg,
da wohnt ein Gummi-Gummi-Zwerg,
der Gummi-Gummi-Zwerg
hat eine Gummi-Gummi-Frau,
die Gummi-Gummi-Frau
hat ein Gummi-Gummi-Kind,
das Gummi-Gummi-Kind
hat ein Gummi-Gummi-Kleid,
das Gummi-Gummi-Kleid
hat ein Gummi-Gummi-Loch
und du bist doch!

Kaiser, König, Edelmann,
Bürger, Bauer, Bettelmann.
Du bist nicht, doch du bist dran.

Ilse Bilse,
keiner will se,
kam der Koch
und nahm se doch.

Zehn Polizisten
hüpfen in die Kisten,
hüpfen wieder raus,
und du bist draus.

Eins, zwei, drei,
hicke, hacke, Heu.
Hicke, hacke, Pfefferkorn,
Der Müller hat die Frau verlorn,
Hänschen hat sie g'funden.
Er glaubt, sie sei verschwunden,
wie sieht's nun in der Mühle aus?
Die Spinnen gucken zum Fenster raus,
die Mäuse kehren die Stube aus,
die Ratten tragen den Kehricht raus.
Es sitzt ein Kätzchen auf dem Dach,
das hat sie alle ausgelacht.
Ha, ha, ha, eins, zwei, drei,
du bist frei.

Es war einmal ein Mann

Ulkgeschichten mögen in so manchen Erwachsenenohren unsinnig klingen. Sie sind aber eine gute Methode, spielerisch ein Kind zum Zuhören und Verstehen anzuregen.

Es war einmal ein Mann,
der hatte einen Schwamm.
Der Schwamm war ihm zu nass,
da ging er auf die Gass'.
Die Gass' war ihm zu kalt,
da ging er in den Wald.
Der Wald war ihm zu grün,
da ging er nach Berlin.
Berlin war ihm zu groß,
da ging er nach Hallmoos.
Hallmoos war ihm zu klein,
da ging er wieder heim.

Eins nach dem anderen

Kätzchen fraß die Butter.
Wo ist das Kätzchen?
Steckt in der Scheune.
Wo ist die Scheune?
Krachte zu Boden.
Wo ist der Boden?
Schwemmte ins Wasser.
Wo ist das Wasser?
Das soff der Ochse.
Wo ist der Ochse?
Brüllt auf der Wiese.
Wo ist die Wiese?
Es blitzte die Sense.
Wo ist die Sense?
Liegt auf dem Baumstumpf.

Wo ist der Baumstumpf?
Den fraß die Larve.
Wo ist die Larve?
Pickte der Hahn.
Wo ist der Hahn?
Kräht auf der Fichte.
Wo ist die Fichte?
Fällte die Axt.
Wo ist die Axt?
Hinter der Wand.
Wie krieg ich sie?
Kannst sie greifen
mit Espenscheiten,
kannst sie langen
mit Birkenstangen.

Der Ball der Tiere

»Auf, wir geben einen Ball«,
sagt die Nachtigall.
»So?«, sprach der Floh.
»Was werden wir essen?«,
fragen die Wespen.
»Nudeln!«, sagen die Pudeln.
»Was werden wir trinken?«,
fragen die Finken.
»Bier!«, sagt der Stier.
»Nein, Wein!«, sagt das Schwein.
»Wo werden wir tanzen?«,
fragen die Wanzen.
»Im Haus«, sagt die Maus.

TOM

Finger- und Handspiele

Zu den ersten Spielen eines Kindes gehören die Finger- und Handspiele, die Mütter und Väter schon mit ihren Kleinsten spielen. Früher sehr viel weiter verbreitet, werden Fingerspiele heutzutage so gut wie nie außerhalb der Familie eingesetzt. Erziehende Personen in Kindergärten und Kindergruppen halten sie offensichtlich nicht mehr für zeitgemäß, und zwischen Gleichaltrigen verliert sich das Interesse an Fingerspielen schnell.

Klatsch- und Fadenspiele hingegen erfreuen sich noch immer großer Verbreitung – selbst unter Schulkindern – und werden in den alten und vielen neuen Variationen mit Ausdauer gespielt.

Fingerzeigen

Während man diese kleinen Verse aufsagt, tippt man die fünf Finger des Kindes nacheinander an, schüttelt sie, zieht ein wenig daran oder legt sie um, je nachdem, was im Vers beschrieben wird.

Das ist der Daumen,
der schüttelt die Pflaumen,
der hebt sie auf,
der trägt sie nach Haus,
und der kleine Schelm – isst sie alle auf.

Der ist ins Wasser gefallen,
der hat ihn herausgezogen,
der hat ihn ins Bett gelegt,
der hat ihn zugedeckt,
und der Kleine – hat ihn wieder aufgeweckt.

Fingerspiele sind zum Vorspielen an der eigenen Hand oder zum Berühren und Bewegen der Kinderfinger geeignet.

Zum Daumen sag ich eins,
zum Zeigefinger zwei,
zum Mittelfinger drei,
zum Ringfinger vier,
zum kleinen Finger fünf.
Hab alle ins Bettchen schlafen gelegt,
still, dass keines sich mehr regt.

Dabei jeden Finger einzeln nach innen umlegen oder gestreckt auf das eigene Bein »zum Schlafen« legen.

Der Erste sagt: »Wenn's regnet, da werd ich nass.«
Der Zweite sagt: »Wenn's regnet, das ist kein Spaß.«
Der Dritte sagt: »Wenn's regnet, da geh ich nicht aus.«
Der Vierte sagt: »Wenn's regnet, bleib ich zu Haus.«
Doch der Kleinste, der will nicht warten,
der läuft mit dem Schirm in den Kindergarten!

Fünf Männlein sind in den Wald gegangen,
sie wollten den Osterhasen fangen.
Der Erste, der war so dick wie ein Fass,
der brummte immer: »Wo ist denn der Has?«
Der Zweite rief: »Sieh da, sieh da!
Da ist er ja, da ist er ja!«
Der Dritte war der allerlängste,
doch leider auch der allerbängste,
der fing gleich an zu weinen:
»Ich sehe keinen, ich sehe keinen!«
Der Vierte sagte: »Das ist mir zu dumm,
ich mach nicht mehr mit, ich kehre jetzt um!«
Der Kleinste aber, der hat's gemacht,
der hat den Hasen nach Hause gebracht.
Da haben alle Leute gelacht.
Ha, ha, ha, ha, ha!

Daumen neig dich,
Zeiger streck dich,
Mittler bück dich,
Goldner heb dich,
Kleiner duck dich,
ja, ja, duck dich.

Himpelchen und Pimpelchen

Bei den zur Faust geballten Händen zeigen die angelegten Daumen nach oben.

Himpelchen und Pimpelchen

Die Daumen richten sich auf.

steigen auf den Berg.

Die Fäuste klettern hoch in die Luft.

Himpelchen war ein Wichtelmann,

Ein Daumen wackelt.

Pimpelchen ein Zwerg.

Der andere Daumen wackelt.

Sie blieben lang dort oben sitzen und wackelten mit den Zipfelmützen.

Beide Daumen wackeln.

Doch nach fünfundsiebzig Wochen, sind sie in den Berg gekrochen.

Beide Daumen verschwinden in der Faust.

Dort schlafen sie in großer Ruh. Seid mal still und hört gut zu: chrr, chrr, chrr.

Wenn das Kind an den Fäusten lauscht, hört es leise Schnarchgeräusche.

Butterstampfen

Groß und Klein sitzen bei diesem Spiel, das aus der Arbeitsbewegung des Butterstampfens entstanden ist, um den Tisch. Nun fängt ein Mitspieler an, die Faust auf den Tisch zu setzen mit nach oben gerecktem Daumen. Ein anderer umschließt mit seiner Faust den Daumen des Ersten, ein Dritter mit seiner den Daumen des Zweiten usw., bis schließlich in gleicher Reihenfolge auch die zweite Hand aller Mitspieler auf diesen Turm gesteckt wurde. Dann wird er in langsamem Rhythmus auf und ab bewegt, wobei alle sprechen: »But-ter-stam-pfen-But-ter-stam-pfen-ei-ne-Hand-muss-weg!« Da wechselt die jeweils unterste Hand nach ganz oben.

Mit der Zeit wird die Stampfbewegung immer schneller, die Hände wechseln immer hektischer, bis schließlich alles in einem wilden Durcheinander endet.

Kommando Pimperle

Die Kinder sitzen um einen Tisch herum. Durch Abzählen wird ein Mitspieler bestimmt, der die Kommandos gibt. Zu jedem Kommando macht der Kommandeur die entsprechenden Handbewegungen. Um die anderen Mitspieler zu irritieren, macht er zwischendurch absichtlich falsche Handbewegungen. Wer von den Mitspielern darauf hereinfällt, scheidet für diese Runde aus.

»Kommando klopfen!«:

Die Kinder klopfen mit den Zeigefingern schnell auf die Tischkante.

»Kommando Feuer!«:

Die Handrücken liegen auf dem Tisch,
die Finger werden wie Flammen in die Höhe gestreckt.

»Kommando Bock!«:

Die Hände werden zur Faust geballt und auf den Tisch gelegt.

»Kommando Doppelbock!«:

Die geballten Fäuste werden aufeinander gelegt.

»Kommando Kanten!«:

Die Hände werden gestreckt, die Handkante liegt auf der Tischplatte.

»Kommando tief!«:

Alle Kinder legen ihre Hände umgedreht auf den Tisch.

»Kommando Daumen!«:

Die zu Fäusten geballten Hände stehen nur
auf dem abgespreizten Daumen auf der Tischplatte.

»Kommando Zelt!«:

Nur die Fingerspitzen berühren die Tischplatte.

Die Finger werden in verschiedener Weise auf den Tisch gebracht.

Fadenspiele

Für die Beschäftigung allein oder zu zweit und die Entwicklung der Finger- und Handgeschicklichkeit sind Fadenspiele seit jeher unter Mädchen weit verbreitet. Aber auch Jungen finden Gefallen an den kniffligen Aufgaben mit zwei einfachen und immer verfügbaren Hilfsmitteln: den eigenen Händen und einem Stück Wollfaden.

Fadenspiel allein

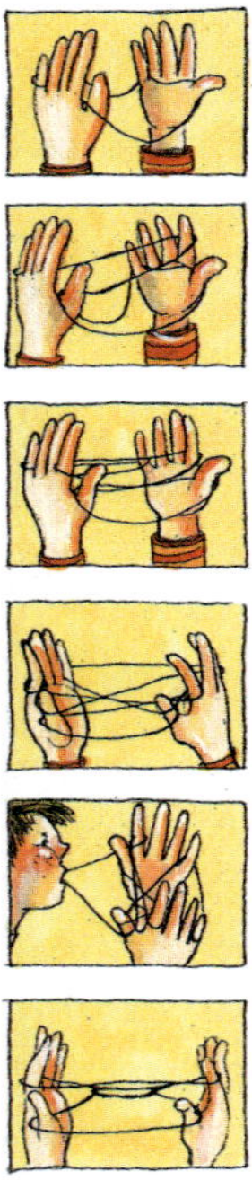

1 2 3 4 5 6

Die Zeichnungen 1 bis 6 zeigen die richtigen Fingerstellungen beim Fadenspiel.

Der zusammengeknotete, etwa eineinhalb Meter lange Faden wird hinter den Daumen und kleinen Fingern beider Hände geführt wie in Abbildung (1) gezeigt. Dann fährt jeweils der Zeigefinger der gegenüberliegenden Hand hinter den Faden, der vor der Handfläche liegt (2). Der Faden wird wieder gespannt (3). Der Daumen holt nun den hinter dem Zeigefinger liegenden Faden nach vorn, wobei er über den vor dem Zeigefinger liegenden Faden greift (4). Mit den Zähnen wird jetzt der untere Daumenfaden hochgezogen und über die Daumenschlingen und die Daumen gebracht (5). Nun lässt man die Schlaufen von den kleinen Fingern herunterrutschen und zieht das Fadengebilde auseinander. Fertig ist das sogenannte Auslegerboot (6).

Ausgehend von der Grundfigur (3) werden die Daumenschlingen fallen gelassen. Nun greifen die Daumen über alle anderen Fäden und holen den Faden der kleinen Finger, dann schlüpfen sie unter die Zeigefingerfäden. Jetzt legen sich die Daumen flach, der vor dem Daumen liegende Faden rutscht dabei hinter den Daumen. Neben der Daumenschlinge hat sich ein kleines Dreieck gebildet, in das die Zeigefinger gesteckt werden (dabei die Hände nach unten drehen). Die Schlingen der kleinen Finger werden abgeworfen, die Zeigefinger von den Daumen abgespreizt. Entstanden sind so zwei Diamanten.

Fadenspiel zu zweit

Ein Kind legt die Fadenschlinge einmal um beide Handflächen (1). Nun wird mit dem Mittelfinger der jeweils anderen Hand die Fadenschlinge vor der gegenüberliegenden Handfläche aufgenommen (2). So ist ein Fadengeflecht mit zwei Kreuzungspunkten und einem freien Fadenteil entstanden.

Das andere Kind nimmt jetzt die beiden Kreuzungspunkte mit Daumen und Zeigefinger und hebt den Faden über das darunter liegende freie Fadenstück (3).

Jetzt wird das ganze Geflecht vom zweiten Kind, das den Faden übernommen hat, wieder auseinander gezogen. Entstanden ist nun eine neue Fadenfigur mit erneut zwei Kreuzungspunkten (4).

Jetzt ist das erste Kind wieder mit Abheben und Auseinanderziehen an der Reihe. Je nachdem, ob von oben oder von unten abgehoben wird, entstehen immer neue, unterschiedliche Figuren. Wichtig ist nur, dass immer wieder Kreuzungspunkte entstehen. Im weiteren Spiel können je nach Experimentierfreude und Ausdauer der Spieler nun eine Menge neuer Figuren entstehen.

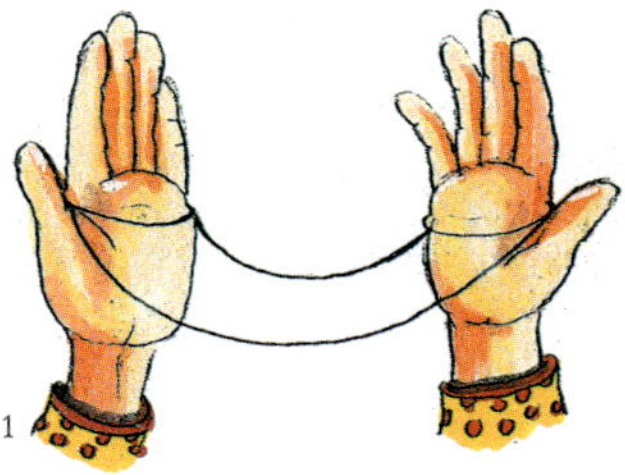

1

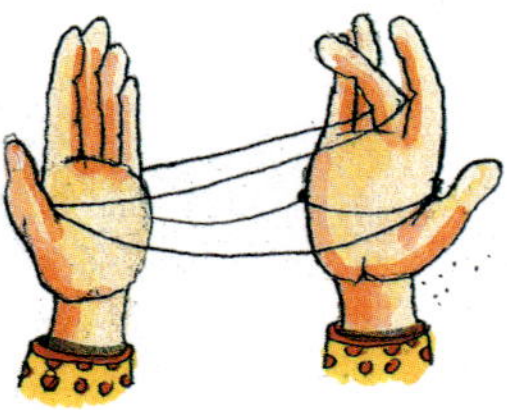

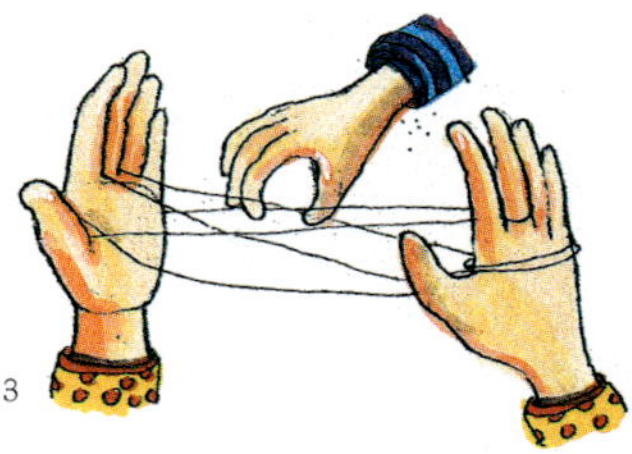

3

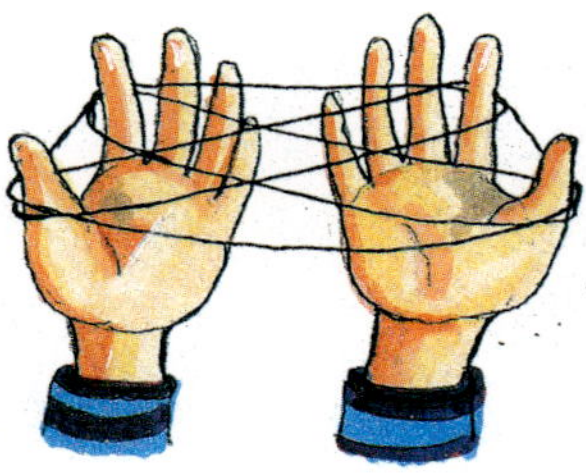

4

Händeklatschen

Ein ursprünglich in erster Linie bei Mädchen beliebtes Spiel ist das Händeklatschen. Dabei stehen oder sitzen sich zwei Mitspieler gegenüber und klatschen auf verschiedene Arten, beispielsweise:

1 Mit beiden Händen auf die eigenen Schenkel schlagen
2 In die Hände klatschen
3 Mit der linken Hand auf die linke Hand des Mitspielers klatschen
4 Mit der rechten Hand auf die rechte Hand des Mitspielers klatschen

Danach wird wieder von vorn begonnen. Dazu gibt es einige überlieferte Reime, doch grundsätzlich gilt: Jeder Reim kann mit Händeklatschen begleitet werden, und je länger er ist, desto mehr Spaß macht das Spiel. Zu Beginn des Spiels einigt man sich auf die Abfolge der Klatscharten und versucht dann, erst langsam und schließlich immer schneller, den Reim aufzusagen und dabei im Takt der Silben zu klatschen.

Bei Müllers hat's gebrannt-brannt-brannt,
und ich bin hingerannt-rannt-rannt.
Da kam ein Polizist-zist-zist,
der schrieb mich auf die List-List-List.
Die List fiel in den Dreck-Dreck-Dreck,
da war mein Name weg-weg-weg.

Klatschspiele erfreuen sich selbst bei älteren Kindern noch großer Beliebtheit. Und besonders spannend wird es für sie, wenn sie selbst festlegen dürfen, wie geklatscht werden soll.

Zehn, zwanzig, dreißig,
Mädchen, du bist fleißig.
Vierzig, fünfzig, sechzig,
Mädchen, du bist prächtig.
Siebzig, achtzig, neunzig,
Mädchen, du bist freundlich.
Hundert, tausend, Million,
Mädchen trägt die gold'ne Kron'.

Abklatschen

Zwei Mitspieler stehen sich gegenüber und legen ihre Handflächen aufeinander. Die Hände werden waagerecht gehalten, die Fingerspitzen der beiden Mitspieler stoßen leicht aneinander. Ein Mitspieler beginnt. Er versucht, blitzschnell mit einer Hand seitlich auf die Hände seines Gegenübers zu klatschen, der mit gefalteten Händen dem Schlag nach oben oder unten ausweichen muss. Danach gehen die Hände wieder in Ausgangsstellung. Verfehlt ein Schlag die Hände des Mitspielers, werden die Rollen getauscht.

Flitzefinger

Zwei Mitspieler zählen gemeinsam bis drei. Dann zeigt gleichzeitig jeder eine Hand mit einem oder mehreren abgespreizten Fingern. Zugleich rufen sie eine Zahl, nämlich die geratene Summe der abgespreizten Finger. Wer richtig geraten hat, hat gewonnen.

Knobeln

Auch bei diesem Spiel zählen beide Spieler gemeinsam bis drei, und bei der letzten Zahl bildet jeder der Spieler blitzschnell mit einer Hand einen Brunnen (Brunnenloch mit den Fingern formen), eine Schere (Zeige- und Mittelfinger abspreizen), einen Stein (geballte Faust) oder ein Blatt Papier (flache Hand). Dabei gilt: Papier deckt den Brunnen ab: ein Punkt fürs Papier. Schere schneidet das Papier: ein Punkt für die Schere. Die Schere aber fällt ins Brunnenloch, so dass der Brunnen mehr als die Schere zählt: ein Punkt für den Brunnen. Der Stein schleift die Schere: ein Punkt für den Stein. Der Stein fällt aber ebenfalls in das Brunnenloch: ein Punkt für den Brunnen. Wer nach drei Durchgängen am meisten Punkte hat, ist Sieger.

Gedächtnis- und Wortspiele

Gedächtnis- und Wortspiele unterhalten die Kinder und regen ihre Fantasie an. Kinder finden Spaß daran, den Dingen einen Namen zu geben und sich zu artikulieren. Gleichzeitig sind Gedächtnis- und Wortspiele die lustigste Methode, das Erinnerungsvermögen zu trainieren. Sie sind kurzweilig und belehren nicht. Meist geht es um Alltagsgegenstände oder Alltagssituationen, mit denen sich Kinder so spielerisch vertraut machen können. Zungenbrecher als besondere Art der Wortspiele trainieren spielerisch das Sprachvermögen und die genaue Artikulation.

Kettenreim

Kindliche Bedürfnisse nach Beschäftigung, Unterhaltung, nach gemeinsamem Tun und Lernen sind natürlich und schon immer da gewesen. Auch wenn heutige Generationen anders aufwachsen als frühere, wollen diese Bedürfnisse befriedigt werden.

Eins, zwei, drei,
alt ist nicht neu,
neu ist nicht alt,
warm ist nicht kalt,
kalt ist nicht warm,
reich ist nicht arm,
arm ist nicht reich,
ungrad ist nicht gleich,
gleich ist nicht ungrad,
ein Wagen ist kein Pflugrad,
Pflug ist kein Wagen,
singen ist nicht sagen,
sagen ist nicht singen,
tanzen ist nicht springen,
springen ist nicht tanzen,
Flöh sind keine Wanzen,
Wanzen sind keine Flöh,
ein Hirsch ist kein Reh,
Reh ist kein Hirsch,
faul ist nicht frisch,
frisch ist nicht faul,

ein Ochs ist kein Gaul,
ein Gaul ist kein Ochs,
ein Has ist kein Fuchs,
ein Fuchs ist kein Has,
die Zunge ist keine Nas,
Nas ist keine Zunge,
Leber ist keine Lunge,
Lunge ist keine Leber,
der Schneider ist kein Weber,
ein Weber ist kein Schneider,
ein Bauer ist kein Schreiber,
ein Schreiber ist kein Bauer,
süß ist nicht sauer,
sauer ist nicht süß,
die Händ sind keine Füß,
die Füß sind keine Händ,
die Geschicht ist zu End.

ABC

A, B, C, Kopf in die Höh!
D, E, F, wart, ich treff!
G, H, I, das macht Müh!
J, K, L, nicht so schnell!
M, N, O, lauf nicht so!
P, Q, R, das ist schwer!
S, T, U, hör mir zu!
V, W, X, mach 'nen Knicks!
Y, Z, ab ins Bett!

Stunden zählen

Morgens früh um sechse,
kommt die alte Hexe.
Morgens früh um sieben,
schabt sie gelbe Rüben.
Morgens früh um acht,
wird Kaffee gemacht.
Morgens früh um neun,
geht sie in die Scheun.
Morgens früh um zehn,
holt sie Holz und Spän.
Feuert an um elf,
kocht dann bis um zwölf,
Fröschebein und Krebs und Fisch,
Kinder, hurtig kommt zu Tisch!

Merkgeschichte

Der Herr, der schickt den Jockel aus,
er soll den Hafer schneiden.
Der Jockel schneid't den Hafer nicht
und kommt auch nicht nach Haus.

Da schickt der Herr den Pudel aus,
er soll den Jockel beißen.
Der Pudel beißt den Jockel nicht,
der Jockel schneid't den Hafer nicht
und kommt auch nicht nach Haus.

Da schickt der Herr den Prügel aus,
er soll den Pudel hauen.
Der Prügel haut den Pudel nicht,
der Pudel beißt den Jockel nicht,
der Jockel schneid't den Hafer nicht
und kommt auch nicht nach Haus.

Da schickt der Herr das Feuer aus,
es soll den Prügel brennen.
Das Feuer brennt den Prügel nicht,
der Prügel haut den Pudel nicht,
der Pudel beißt den Jockel nicht,
der Jockel schneid't den Hafer nicht
und kommt auch nicht nach Haus.

Da schickt der Herr das Wasser aus,
es soll das Feuer löschen.
Das Wasser löscht das Feuer nicht,
das Feuer brennt den Prügel nicht,
der Prügel haut den Pudel nicht,
der Pudel beißt den Jockel nicht,
der Jockel schneid't den Hafer nicht
und kommt auch nicht nach Haus.

Da schickt der Herr den Ochsen aus,
er soll das Wasser saufen.
Der Ochse säuft das Wasser nicht,
das Wasser löscht das Feuer nicht,
das Feuer brennt den Prügel nicht,
der Prügel haut den Pudel nicht,
der Pudel beißt den Jockel nicht,
der Jockel schneid't den Hafer nicht
und kommt auch nicht nach Haus.

Da schickt der Herr den Metzger aus,
er soll den Ochsen schlachten.
Der Metzger schlacht' den Ochsen,
der Ochse säuft das Wasser,
das Wasser löscht das Feuer,
das Feuer brennt den Prügel,
der Prügel haut den Pudel,
der Pudel beißt den Jockel,
der Jockel schneid't den Hafer
und kommt dann auch nach Haus.

Zungenbrecher

Schnellsprechspiele wie die folgenden Zungenbrecher werden erst langsam ein paar Mal aufgesagt und dann immer schneller wiederholt. Wer es schafft, einen Satz fehlerfrei am schnellsten zu sagen, hat gewonnen – wiewohl es aufs Gewinnen nicht ankommt, sondern auf den Spaß, sich und die anderen verhaspeln und die schönsten Verballhornungen zu hören.

Zehn Ziegen zogen zehn Zentner Zucker zum Zoo.

Blaukraut bleibt Blaukraut und Brautkleid bleibt Brautkleid.

Zwischen zwei Zwetschgenzweigen zwitscherten zwei Zeisige.

Esel essen Nesseln nicht, Nesseln essen Esel nicht.

Fischers Fritz fischt frische Fische, frische Fische fischt Fischers Fritz.

Der Potsdamer Postkutscher putzt den Potsdamer Postkutschenkasten.

Meister Müller mahle mir mein Mehl,
morgen muss meine Mutter Mehlsuppe machen.

In Ulm, um Ulm und um Ulm herum.

Bürsten mit schwarzen Borsten bürsten besser
als Bürsten mit weißen Borsten.

Hinter Hermann Hannes' Haus
hängen hundert Hemden raus.
Hundert Hemden hängen raus,
hinter Hermann Hannes' Haus.

Metzger, wetz dein Metzgermesser!
Dein Metzgermesser wetz, Metzger!

Wir Wiener Wäschweiber
würden weiße Wäsche waschen
wenn wir wüssten, wo
warmes Wasser wäre.

Herr von Hagen, darf ich's wagen
Sie zu fragen, welchen Kragen
Sie getragen als Sie lagen
krank am Magen in dem Wagen
auf dem Weg nach Kopenhagen?

Dies ist ein Scheit.
Dies ist ein Schleißenscheit.
Dies ist ein wohlgeschlissenes Schleißenscheit.
Das schickt die Frau aus Meißen
und lässt sagen frei,
dass sie die allergeschickteste
Schli-Schlag-Scheitschleißerin sei,
und ihr Mann der Fritze
hinter der Scheune sitze
und fleißig Schli-Schla-Schleißenscheite schnitze.

Als Anna abends aß,
aß Anna abends Ananas.

Den Reim lesen

Lieber Hermann, von mir weichen
willst du wirklich?
Guter Freund –
nimmermehr verlass ich dich.

Gelesen wird:
Lieber Hermann, von mir weichen
willst du wirklich? Fragezeichen
Guter Freund – Gedankenstrich
nimmermehr verlass ich dich.

2 4 9 9
5 9 2 7 4
3
100 2 3
1 2 8 5
0 10
?

Rätsel- und Ratespiele

Bei Rätsel- und Ratespielen können Kinder Dinge ohne direktes Anschauungsmaterial spielerisch und quasi nebenbei lernen. Neben die Erfahrung, die Kinder beim Spiel mit Gleichaltrigen, über die Nachahmung ihrer Bezugspersonen oder bei der aktiven Teilnahme am häuslichen Geschehen machen, tritt so das vermittelte Wissen und die Fähigkeit, zu abstrahieren und »um die Ecke« zu denken. Rätsel-, Rate- und Rechenspiele waren und sind also nicht einfach ein netter Zeitvertreib bei Langeweile oder schlechtem Wetter, sondern in ihrer Bedeutung nicht zu unterschätzende Instrumente der Unterhaltung und Förderung der geistigen Entwicklung des Kindes.

Gerade oder ungerade?

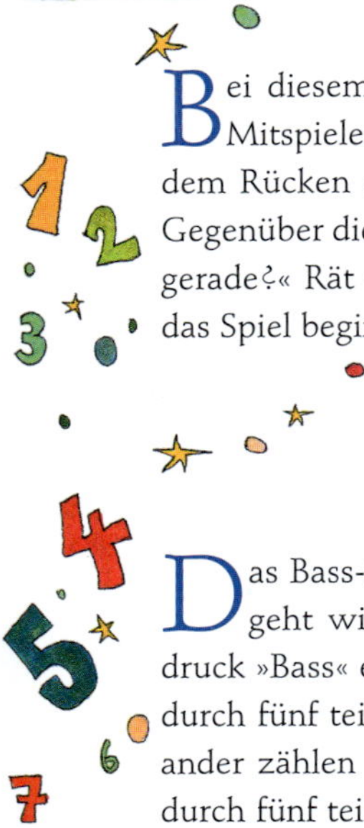

Bei diesem Spiel können zwei Kinder mitmachen. Die zwei Mitspieler stehen einander gegenüber. Einer nimmt hinter dem Rücken ein paar Bohnen in die linke Hand, streckt seinem Gegenüber die geschlossene Faust hin und fragt: »Gerade oder ungerade?« Rät der Gefragte richtig, bekommt er die Bohnen, und das Spiel beginnt von vorn.

Das Bass-Spiel

Das Bass-Spiel ist ein Zahlen- und Rechenspiel. Bevor es losgeht wird festgelegt, welche Zahl immer durch den Ausdruck »Bass« ersetzt werden soll. Beispielsweise die Fünf und alle durch fünf teilbaren Zahlen. Nun beginnt ein Kind, und nacheinander zählen alle anderen durch, wobei nie eine Fünf oder eine durch fünf teilbare Zahl genannt werden darf. Zum Beispiel: 1, 2, 3, 4, Bass, 6, 7, 8, 9, Bass, 11, 12, 13, 14, Bass, 16, 17 usw. Wer sich verspricht oder verrechnet, scheidet aus.

Was ist das?

Es hat viele Häute und beißt alle Leute.

Zwiebel

Es geht und geht und kommt doch nicht von der Stelle.

Uhr

Was hängt an der Wand ohne Nagel und Band?

Spinnennetz

Was ist fertig und wird doch jeden Tag gemacht?

Bett

Wie kann man Wasser
in einem Sieb tragen? gefroren

Welcher Hut passt auf keinen Kopf? Fingerhut

Er geht übers Feld
und bewegt sich nicht. Weg

Welcher Baum hat keine Wurzeln? Purzelbaum

Welche Mühle hat keinen Bach? Kaffeemühle

Was geht übers Wasser
und wird nicht nass? Brücke

Was hört ohne Ohren,
spricht ohne Mund
und redet in allen Sprachen? Echo

Welcher Abend fängt schon morgens an? Sonnabend

Was hat vier Beine und kann nicht laufen? Tisch

Welcher Stuhl hat keine Beine? Dachstuhl

Wer hat einen Kamm und kämmt sich nicht? Hahn

Ein langer, langer Vater,
eine lange, lange Mutter
und viele, viele Kinder.

Leiter und ihre Sprossen

Alle Tage geh' ich aus,
bleibe dennoch stets zu Haus.

Schnecke

Du siehst es stets bei Sonnenschein,
am Mittag ist es kurz und klein
und wächst bei Sonnenuntergang
und wird gar wie ein Baum so lang.

Schatten

Es hat einen Rücken und kann nicht fliegen,
zwei Flügel hat's und kann nicht liegen,
es hat ein Bein und kann nicht steh'n,
laufen kann es, doch nicht geh'n.

Nase

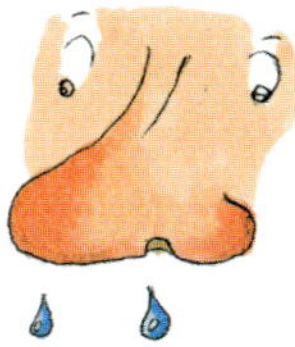

Es geht ein Mann im Grase,
hat eine lange Nase,
hat rote Stiefel an,
bewegt sich wie ein Edelmann.

Storch

Der Erste frisst,
der Zweite isst,
der Dritte wird gefressen,
das Ganze wird gegessen.

Sau-er-kraut

Es kam ein Vogel federlos,
setzt sich auf einen Baum blattlos.
Da kam die Jungfrau mundlos
und fraß den Vogel federlos,
von dem Baume blattlos.

Schnee und Sonne

Es hat ein Nest auf Bäumen,
hüpft auf den Bäumen herum
und ist doch kein Vogel.

Eichhörnchen

Erst weiß wie Schnee,
dann grün wie Klee,
dann rot wie Blut,
schmeckt allen Kindern gut.

Kirsche

Ein rotes Jäckchen,
ein schwarzes Käppchen,
ein Bauch voller Stein,
was mag das sein?

Hagebutte

Die Kinder wohnen dicht beisammen,
weil sie von einem Vater stammen.
Doch jedes hat zu seinem Sitze,
ein eigen abgesondert Haus,
und zwar ein Haus mit einer Spitze,
doch später prügelt man sie raus.

Getreidekörner

Weiterführende Literatur

Böhme, Franz Magnus: Deutsches Kinderlied und Kinderspiel. Leipzig
Gutsmuths, Johann Christian: Spielalmanach für die Jugend auf das Jahr 1902/1803. Frankfurt/M. 1893
Meinerts, Eva: Links ein Ohr und rechts ein Ohr. Gütersloh 1992
Thiesen, Peter: Klassische Kinderspiele. Weinheim 1994

Anzahl der Kinder

Spiele für draußen

Spiele für drinnen